中国生态工业园区建设历程与实践

——以连云港经济技术开发区为例

刘景洋　金盛杨　董　莉　李大强　等 编著

中国环境出版集团·北京

图书在版编目（CIP）数据

中国生态工业园区建设历程与实践 ： 以连云港经济技术开发区为例 / 刘景洋等编著. -- 北京 ： 中国环境出版集团，2024. 6. -- ISBN 978-7-5111-5880-2

Ⅰ. F427.533

中国国家版本馆 CIP 数据核字第 2024JK9027 号

责任编辑　黄　颖
封面设计　宋　瑞
封面摄影　贺成东

出版发行　中国环境出版集团
（100062　北京市东城区广渠门内大街 16 号）
网　　址：http://www.cesp.com.cn
电子邮箱：bjgl@cesp.com.cn
联系电话：010-67112765（编辑管理部）
发行热线：010-67125803，010-67113405（传真）
印　　刷　北京中科印刷有限公司
经　　销　各地新华书店
版　　次　2024 年 6 月第 1 版
印　　次　2024 年 6 月第 1 次印刷
开　　本　787×1092　1/16
印　　张　12.5
字　　数　220 千字
定　　价　62.00 元

编委会

编委会主任

顾明事　王玉祥

编委会副主任

杜其松　李大强　刘景洋

主　编

刘景洋　金盛杨　董　莉　李大强

编委会成员

（按姓氏笔画排序）

中国环境科学研究院

王　姣　王　璠　乔　琦　任佳萌　刘景洋

李建辉　张飞龙　欧阳朝斌　姚　扬　董莉

连云港经济技术开发区

王　维　李大强　李婧源　迟　程　张　峰

陈彦洁　范文杰　金盛杨

前言

工业园区建设历程是我国工业发展和实践的缩影，与经济发展和生态环境保护密切相关。按照发展历程划分，工业园区建设总体上可分为经济技术开发区、高新技术产业开发区、生态工业园区三代园区。由于第一代工业园区和第二代工业园区的“大干快上”，产生了一系列环境问题。同时，由于产业集聚发展形成的污染集中排放造成累积性污染问题，随着时间的推移逐步凸显，经济发展和生态环境保护矛盾日益尖锐。21 世纪初，生态工业园区作为第三代工业园区被提出，并快速在全国推广实践。生态工业园区是综合运用工业生态学和循环经济理论，将经济增长建立在生态环境保护的基础上，将资源能源消耗和污染物排放控制在区域自然生态环境可承受范围内，以实现区域可持续发展。

国家环境保护总局于 2000 年开始推动生态工业园区建设，在国内形成了工业园区生态化建设的热潮。大量工业园区通过生态工业园区建设，在基础设施建设、产业集群、风险防控、园区管理、制度创新等方面取得了宝贵经验，探索出了经济发展和生态环境保护“双赢”的成功道路。鉴于 21 世纪初工业园区快速发展面临的严峻环境保护形势、能源和资源紧缺问题，2007 年起国家加大生态工业园区建设推进力度，大力推广生态工业园区建设经验和案例，引导工业园区全面破解环境保护困局。党的十八大以来，生态文明建设被提到前所未有的高度，生态工业园区也成为工业领域践行生态文明理念的切实抓手，成为区域落实工业文明的重要形式。截至 2023 年 4 月，全国共命名 73 个国家生态工业示范园区，覆盖 25 个省、自治区和直辖市，为我国工业园区实施绿色、低碳、循环发展积累了宝贵经验，推动了产业转型升级和高质量发展。

2011 年年初，连云港经济技术开发区（以下简称“连云港开发区”）启动了国家生态工业示范园区创建工作，是连云港市乃至苏北首个启动创建国家级生态工业园区的开发区。2013 年 4 月，环境保护部、商务部、科技部三部委正式复函，同意连云港开发区创建国家生态工业示范园区；经过 3 年多的建设，2016 年 11 月，连云港开发区国家生态工业示范园区正式获得国家三部委联合批复命名；2020 年 12 月，连云港开发区国家生态工业示范园区在生态环境部组织的复查评估中荣获第一名的优异成绩。连云港开发区作为我国生态工业园区的实践者，其生态工业园区建设的 10 年，特别是在我国经济快速发展和生态环境保护发生历史性、转折性、全局性变化的 10 年，其在新医药、新材料、新能源、高端装备制造等行业的产业链及产业集群，通过环境保护管理模式和机制创新在高效解决环境问题等方面进行了大量的探索，取得了诸多可示范、可复制、可推广的可贵经验。本书在具体介绍了产业生态学理论及我国生态工业园区发展历程的基础上，以连云港开发区为例，较为系统地在时间维度上，从园区概况、主导产业的生态化发展、生态环境及污染防治、能源及碳排放、园区管理机制及平台建设 5 个部分，总结了连云港开发区 10 余年的生态工业园区建设成效和经验，进一步结合推进中国式现代化和国家发展新质生产力战略，基于其“创新”“低碳”“循环”的国家生态工业示范园区建设理念，从产业链和产业集群升级、资源能源效率提高、基础设施共享、减污降碳协同、治理能力现代化 5 个方面展望了连云港开发区生态工业建设的下一步方向，为我国生态工业园区发展贡献新经验。

全书共 7 章，由中国环境科学研究院和连云港开发区共同撰写，其中第 1 章和第 7 章由刘景洋、王姣、任佳萌执笔，第 2 章由金盛杨执笔，第 3 章由李建辉执笔，第 4 章由王姣、陈彦洁执笔，第 5 章由董莉执笔，第 6 章由张飞龙、金盛杨执笔。全书由刘景洋统一修改定稿，金盛杨对书稿进行了认真校对，书中的照片均来自连云港开发区内实地拍摄。

由于作者水平有限，书中难免存在疏漏和不妥之处，我们殷切地期望广大读者和同行批评指正。

目录

第1章

中国生态工业园区的发展历程

人类文明史可以说是一部人与自然的关系史。原始文明时期，人类依附于自然，依靠采集、渔猎生活；农业文明时期，人类利用自然，依靠农耕、畜牧等方式获得生产、生活资料；工业文明时期，人类凭借科技的力量大规模开发和改造自然，在实现大量物质生产的同时也带来了一系列的生态环境问题。随着人类科技的发展，人类的力量逐渐从弱变强，人与自然的和谐关系逐步被打破，人与自然深层次矛盾越来越突出。无论是自然资源的摄取，还是废弃物的生物地球化学循环，都离不开大自然的代谢转化。大自然是人类赖以生存发展的基本条件，人类社会系统是自然生态系统的一部分，难以脱离自然生态系统独立存在。人是自然的一部分，总体上必须遵循自然规律，但人有主观能动性，顺应自然就能更好促进人类发展，违背自然就会遭到反噬和报复。历史和现实表明，只有正确处理人与自然的关系，才能实现可持续发展。

目前，人类仍处于工业文明时期，工业既是人类文明进步的具体体现，也是满足不断增长的人类生活需求和创造财富的重要手段，还是消耗自然资源和能源、排放污染物的主体。大量地消耗自然资源和能源造成资源枯竭、能源危机，排放的污染物超过自然生态系统的承载力，对人类生存环境和地球生态系统造成了严重危害。全球变暖、生物多样性丧失等众多危害已经对地球生态产生了严重影响，使人类生存受到重大威胁。为了实现社会的可持续发展，人类不断向自然学习，遵循“尊重自然、顺应自然、保护自然”的原则，用自然的逻辑重构产业体系，力求实现人与自然的和谐共生。世界各国在此理念的指引下，提出产业生态学的概念，探索产业生态化的理论和方法，以求在满足人类不断增长的物质需求的同时，将资源能源消耗和污染物排放控制在自然生态系统承载能力范围内，达到产业与环境的和谐共生。

1.1　生态产业理论

1.1.1　产业生态学理论

产业生态学和产业生态化理论思想来源最早可追溯到肯尼斯·博尔丁在 1966 年提出的以“宇宙飞船经济”理论为代表的生态经济思想。该思想认为整个地球系统可以看作一个物质上封闭的宇宙飞船系统，人类经济系统的可持续性取决于能否在永久的、自我维持的基础上，成功地组织和管理地球宇宙飞船上的物质流动，并如同自然生态系统那样在外来能量（太阳能）的推动下，以循环的方式实现系统内有限物质的无限利用。而人类产业系统是地球自然生态系统的一部分，依赖自然生态系统而存在。从此视角看，当今世界经济系统是一个开放的系统，产业生产活动最重要的物质、能量投入均来自自然生态系统，废弃物排放到自然生态系统实现元素的天地生化循环。

在"宇宙飞船经济"理论模型条件约束下，人类产业系统若达到可持续发展的要求，则产业系统的资源能源输入和废弃物输出应满足在自然生态系统的承载能力范围内。因此，研究人类产业系统的物质输入和输出的时间、空间、数量、质量、结构、顺序等调控方法和手段就非常必要。20 世纪 80 年代罗伯特·艾尔斯提出"产业代谢"理论，并将其定义为："产业代谢是在一个基本稳定的状态下，使原料和能量通过劳动转化为最终产品和废弃物的一系列物质过程的统一。"根据物质守恒定律，流入和流出经济系统的物质无论其去向如何以及存在方式如何，总的质量是不变的。尽管物质由于存在方式或物质形态的改变而失去其经济价值，但物质本身并没有被消灭。产业代谢所研究的正是发生在经济系统内部以及经济系统与环境之间的一系列物质、能量的流动和转化过程，旨在揭示特定区域或系统内与人类经济活动相关的各种物质、能量流动与储存的规模和状态。

产业代谢研究的方法论在于建立物质结算表，估算物质流动与储存的数量，描绘其行进的路线和复杂的动力学机制，同时指出它们的物理和化学状态。它不仅能够分析和描述不同层次的产业系统与其所在的自然生态系统之间物质流动的规模和数量的关系，而且最重要的是指出了经济系统与环境系统之间，以及经济系统内部产业之间存在的物质和能量流动网络。这为后来产业生态学提出的通过构建不同产业流程之间的物质和能量梯次利用网络来减少废弃物排放和提高资源利用率提供了一个十分有效的分析工具。通过对产业系统代谢过程与自然生态系统代谢过程的对比分析，罗伯特·艾尔斯的结论是：自然生态系统的代谢过程是封闭性的，而产业代谢是开放性的。也就是说，产业系统总体上没有对进入该系统内的营养物质进行循环利用，而是一个以开采来自地球的高质量物质（化石燃料、矿石）为开端，最后以退化了的形式把这些物质返回到自然界的线性过程。因此，产业系统从长远而言是不可持续的。人类社会如要实现可持续发展，究竟应采取怎样的途径和措施来促进这种物质循环战略的实施？这正是产业生态化理论需要进一步研究和回答的问题。

1.1.2　成熟生态系统理论

若将产业系统看作生态系统的一部分，则其发展过程同样会存在持续改进和物质能量代谢优化，系统的结构和功能会由简单到复杂、物质能量代谢由变化到稳定、产品和服务功能由低到高持续改进，类似自然生态系统从构建到成熟的过程。尤金・奥德姆1969 年在《科学》杂志上发表的《生态系统的发展战略》一文中提出的生态系统演化理论，对于生态经济思想和产业生态理论的形成与发展影响极大。在尤金・奥德姆看来，所有的生态系统都有一个“发展战略”，这一战略的目标就是达到一个健康有序的状态，即“体内平衡”——一种受到干扰后总能围绕着唯一的稳定点波动的平衡状态。为此，他用“成熟生态系统”来描述生态系统演替的这一“顶级”状态。

成熟或健康正常的生态系统具有以下重要特征。

（1）为了保持系统的健康，系统内各种有机物之间最终形成了一种互惠共生与协同合作的状态，使它们从起初紧张的互相竞争向协同共生的关系方向发展。

（2）具有高度的生物多样性。即更多的物种在一起生存形成复杂多样的生物群落。

（3）当生态系统达到稳定点时，它不再把过多能量用于增加生产，而是将更多的能量用来保护自己免受外界变化的冲击。也就是说，当这个区域的生物数量处于稳定状态，既不增加也不减少时，系统的重点放在维持原状上，即维持一种没有增长的系统现状。

（4）系统内物质得到最充分的利用。没有营养物质（如氮、磷、钙等）流失，其全部在生态系统内永远循环，而不是排出系统。

尤金・奥德姆认为，自然生态系统的演替过程同样适用于包括人类社会在内的各种有机体的演化发展过程。尤金・奥德姆关于成熟生态系统 4 个基本特征的描述，与肯尼斯・博尔丁所设想的处于“宇宙飞船经济”状态下的人类经济系统的基本特征具有极大的相似性。尤其是肯尼斯・博尔丁明确地提出，未来的人类经济系统需要采取一种与生态系统类似的物质循环战略。

1.1.3　产业生态系统理论

受罗伯特・艾尔斯提出的产业代谢理论的启发，1989 年罗伯特・弗罗什和尼古拉斯・盖洛普提出了“产业生态系统”的概念。他们指出：“在传统的工业体系中，每道制造工序都独立于其他工序，通过消耗原料产出产品，并排放不能转化为产品的废料；

如果要减少对环境的污染和从自然中索求资源，我们需要运用一种更为一体化的生产方式来代替传统的生产方式，那就是产业生态系统。在产业生态系统里，能源和材料的消费被最优化，废弃物的产生量达到最小化，一个过程的排放物无论是来自炼油过程中用过的催化剂，还是来自发电站的烟尘和煤灰，抑或来自消费产品服务中废弃的塑料容器，都可以作为另一个过程的原材料。”作为一种解决工业与环境问题的富有想象力和实践性的思想，“产业生态系统”概念很快得到认可和接受，并催生了产业生态学这一新的学科。产业生态学借助对生态系统和生物圈的认知，找到了能使工业体系与生物生态系统“正常”运行相互匹配的可能的革新途径。产业生态学研究产业系统如何运作、规制，以及其与生物圈的相互作用，并基于我们对生态系统的认识，来决定如何进行产业调整以使其与自然生态系统的运行相协调。

在罗伯特·弗罗什和尼古拉斯·盖洛普提出“产业生态系统”思想之后，根据尤金·奥德姆提出的生态系统演化理论和罗伯特·艾尔斯的产业代谢理论，格雷德尔和阿伦比于 1993 年提出了产业系统演化发展 3 个阶段的设想。他们认为，在上亿年的进化过程中，自然生态系统对物质和能量的流动与转化大致经历了线性流动、不完全循环和完全循环 3 个阶段的历程，才成为今天比较完善和稳定的自然生态系统。而产业系统的出现要晚得多，它既是自然生态系统演化的产物，又与自然生态系统在性质上和对物质、能量的利用方式上具有本质的不同。总体而言，产业系统目前处于线性流动阶段。这一理论引人注目的地方是它所提出的，为了实现产业系统与生态系统之间物质的封闭循环，未来的产业系统也要像自然生态系统那样，建立起类似包括生产者、加工者、消费者及分解者在内的 4 个基本功能单元这样的思路和途径。这就是为什么人们通常把循环经济和产业生态化的实现问题，看作在传统的第一、第二、第三产业基础上，建立和增加类似自然生态系统的“生产者”和“分解者”功能的“补链产业”的问题。格雷德尔和阿伦比所提出的产业系统演化发展 3 个阶段的理论，为人类经济实现从“牛仔经济”向“宇宙飞船经济”转变提供了一个在理论上具有吸引力的技术路径。

产业系统作为有目的的人类活动，其在行为方式和运行的动力方面与自然生态系统都有本质上的区别。我们应该从自然和社会两个方面看待和研究产业生态系统的构建问题。一方面，要明确地承认产业系统作为人类社会的一个组成部分，是自然生态系统演化的产物，产业乃至整个经济系统的发展不仅要符合经济规律还要遵循自然规律；另一方面，也要看到产业系统与生态系统在性质上和对物质、能量的利用方式上具有本质的不同，它在运行动力上则主要受社会经济规律的支配。环境问题作为社会经济运行必须考虑的要素，反过来也会影响生态系统的物质代谢模式。

在产业系统的进一步进化中，资源逐渐变成限制因子，而且系统各组分之间的关系逐渐变得复杂起来，其相互依赖，组成了一个网络系统，从而形成二级产业生态系统模式，该模式类似于自然生态系统中种群相互依赖形成群落的模式。二级产业生态系统内的物质循环尤为重要，资源和废弃物的流通量受到资源数量和环境对废弃物容纳能力的制约。与初级产业生态系统相比，二级产业生态系统对资源的利用效率大大提高，但仍不能持续维持，因为物质、资源的流动是单向的，资源不可避免地减少，而同时废弃物在不断增加。产业生态系统进一步进化的结果是在系统内部资源得到最大化利用，废弃物不再存在，已被转化为资源加以利用。从系统输入、输出来看，只有能源需要从系统外部输入，系统输出已经为零，这已经接近理想的生态系统状态。

1.1.4　生态工业园区规划理论与方法

生态工业园区是经济社会产业发展到一定阶段，实现二级产业生态系统的实践表达。通常认为，生态工业园区是综合地运用了工业生态学和循环经济理论，将经济增长建立在环境保护的基础上，将资源能源消耗和污染物排放控制在区域自然生态环境可承受的范围内，在区域实现可持续发展。随着产业生态系统的进化，能源作为驱动产业生态系统运行和降低污染物排放的手段，其产生的气候变化问题受到国际社会广泛关注，因此碳排放约束成为新时期生态工业园区关注的重要内容。我国 2030 年前碳达峰和 2060 年前碳中和目标的提出，使低碳发展理论在生态工业园区规划中的作用愈加重要。

（1）生态工业园区规划理论

1）工业生态学理论

工业生态学又称产业生态学，以生态学的理论观点研究工业生产的全过程，研究工业活动与生态环境的相互关系。工业生态学理论具体又包括生态位理论、关键种理论、产业共生理论等。

生态位理论最早由美国生态学家 G.E. Hutchinson 提出，他认为每个物种都有不同的生态位，每个生态位都有独特的功能。在生态工业园中，与自然生态系统中的物种类似，每个行业都有产业生态位，它是指行业在特定尺度下特定产业集群中的职能地位，并且具有定量可测性。产业生态位的大小用生态位的宽度加以衡量，主要包括能源和资源占有量、人员、资金、技术科研力量等，以及能量物质交换速率、生产率、人员变动率等。产业生态位宽度越大，表明园区对社会、经济、自然资源的利用越广泛，利用率越高，效益越大，竞争力越强。

关键种在生态工业园区中指处于生态产业网络关键节点处，能够对相关企业、行业及整个产业集群稳定发展产生不可替代且重要影响的企业，如果这类产业消失或削弱，整个生态工业园区就可能发生根本性的变化或崩溃。

产业共生指生态工业园区的不同企业之间通过物质、能量、技术、信息和价值的传递、利用与共享，共同提高自身的生存及获利能力。生态工业园区建设就是将这些具有相互作用关系的企业通过各要素连接起来，形成具有共生特征的产业网络，达到节约资源和保护环境的目的。

在生态工业园区建设初期，园区基础设施共享是招商引资的主要手段，通过产业生态位和关键种的识别，基于当地自然资源、区位、人才、土地、交通等因素规划建设园区，并进行招商引资，形成优势种群。在代表关键种的核心企业建成后，依据生态位理论和产业共生理论进行产业链招商，延伸产业链，形成链网结构，做大做强产业集群。在形成物质代谢和能量代谢及基础设施共享模式后，技术和信息将成为园区提质升级的内在重要手段。伴随数字经济、共享经济、功能经济等新业态的推广实施，产业园区的发展进入技术和信息驱动阶段，物质的输入和输出表面上看没有大幅度的变化，但产业增长的质量会有根本的转变，产业生态系统由发展阶段逐步进入成熟期。因此，时间维度上根据生态工业园区发展阶段，利用生态工业理论因势利导，发挥园区管理部门的积极作用，能够实现多要素约束下的产业高质量发展。

2）循环经济理论

循环经济发端于生态经济，以资源的高效和循环利用为目标，秉持“减量化、再利用、资源化”的原则，强调在经济活动中把“资源—产品—废弃物”的线性模式转变为“资源—产品—再生资源”的循环模式。生态工业园区建设中，在企业层面可通过清洁生产提高资源能源的使用率，加大绿色原料的使用量及绿色产品的产出。在园区基础设施共享中，可实现能源的梯级利用、废水的循环利用和固体废物的资源化利用。园区可以依托基础设施服务周边地区，如园区热电厂为周边社区供热，垃圾焚烧厂处理园区周边的生活垃圾从而提供热源等。专业化的第三方服务公司为园区企业废弃物处理处置提供服务已经成为常态，如企业委托第三方企业运营污水处理厂，挥发性有机污染物处置产生废活性炭的再生回用，包装容器的再利用等。园区作为社会系统的一部分，很难在园区内实现废弃物的全部处置，作为开放系统与周边的城市或社区有着大量的物质交换。但在园区内部遵循循环经济“3R”原则，在企业内部以及企业之间进行物质、能量的有效循环，提高资源的利用率，减小末端治理压力还是非常必要的。

3）可持续发展理论

可持续发展是既满足当代人需要，又不对后代满足其需要的能源构成危害的发展。可持续发展的基本模式就是人与自然的和谐共处，既要达到发展经济的目的，又要保护好人类赖以生存的自然环境，使子孙后代能够永续发展。生态工业园区作为区域经济产业发展的核心载体，产品生产需要输入大量的原料、能源，同时排放的废弃物需要处理处置。生态工业园区作为一个开放系统，其可持续的状态应放在更大的范围内来评估分析。因资源和能源输入可在较大的范围内流动，而排放的废水、废气、固体废物受影响的区域有限，所以环境质量管控条件下的约束通常会优先于资源和能源约束级别。如何满足日益严格的环境质量改善需求，是当前生态工业园区满足可持续发展优先关注的问题。将生态工业园区放在区域范畴来看，成熟或健康的生态工业园区产业生态系统应满足可持续发展要求，也就是园区消耗的资源和能源在区域承载力范围内，排放的污染物在区域环境质量约束下的排放量范围内。

（2）生态工业园区规划方法

生态工业园区规划建设是一项涉及社会、经济、环境的复合系统工程，没有固定的模式可循，在生态工业园区规划编制中通常采用的相关规划方法如下。

1）资料分析方法

收集园区经济、产业、环境质量、污染物排放及能源消耗等数据资料，以物质流、能量流、技术流和信息流为抓手，结合园区基础设施建设情况，分析园区内企业间的联系，找出共生网络关系。需要注意的是，各类数据的调查满足规划基本要求，确保数据的准确性、全面性、完整性、系统性。通过水平衡和能量平衡分析法，找出园区污染物控制和能源利用薄弱环节，分别从企业和园区层面，基于技术、管理等手段，提出规划方案。

2）总体设计方法

根据现状调查与 SWOT 分析结果，确定园区的发展特色，采用经济评价和环境评价的方法，基于工业生态学、循环经济和低碳发展理念，依托现有基础，发挥区位、资源等优势，进行生态工业园区总体设计。在进行总体设计时，常用的方法有系统工程法和全生命周期法。

系统工程法是指系统工程具有由时间维、逻辑维和知识维所组成的立体空间结构。在生态工业园区规划总体设计时，时间维是指将生态工业园区建设分为不同的阶段，逻辑维是指按照一定的程序进行这些步骤，知识维是指在各个步骤中均需要知识和技术的支撑。

全生命周期法是评价产品在整个生命周期中所造成的环境影响。在生态工业园区规划中，园区内企业可利用其他企业产生的废弃物作为原材料进行生产，最终实现园区内资源利用最大化和环境污染的最小化。全生命周期法既考虑产品生产所需原料的获取，又考虑产生废弃物的处置，并将园区整个联系起来，考察其资源利用，为入园项目的筛选提供依据。

3）指标预测方法

在定量指标的预测赋值过程中，主要有趋势外推法、情景分析法、类比分析法和综合平衡法。趋势外推法是指依据基准年相邻几年的数据，计算出规划期某一指标的变化趋势，以这个趋势推算未来该指标的预测值。情景分析法是指结合园区的实际情况，设置不同的发展情景，优选出最佳情景方案，以此作为参考值，确定预测指标值。类比分析法是指对比该指标国内外现有水平，制定的预测指标值不能与现有水平有较大差距。综合平衡法是指对比不同园区规划的该指标值，计算这些数据的平均值作为该规划指标的参考值。

4）效益分析方法

生态工业园区的效益分为社会效益、经济效益和环境效益。社会效益常用的分析方法有专家评价法和有无对比法，其中，专家评价法是指专家评论园区建设对社会产生的影响，并形成决策；有无对比法是指对比项目实施前后的情况，衡量项目实施产生的效益。经济效益主要用年利润变化、单位生产成本的变化、投资回报率等指标来反映。环境效益主要是以污染物排放削减率、单位工业增加值废弃物排放量、单位工业增加值能源消耗等指标来反映。

1.2　中国工业园区发展历程

1.2.1　中国工业园区发展的时代背景

1978 年，党的十一届三中全会提出了改革开放的基本国策，中国经济自此开始高速发展、走向富强之路。改革开放实行对内改革、对外开放的战略决策，对外开放广泛意义上还包括对内开放，具体包括创办经济特区、开放沿海港口城市和建立沿海经济开放区等。1979 年，深圳打开第一个对外开放交流的窗口——蛇口工业区，“时间就是金钱，效率就是生命”这句口号体现着工业园区的经济使命[1]。

1980 年，党和政府决定在东南沿海的深圳、珠海、汕头、厦门创办经济特区。经济特区在灵活的开放政策的支持下，成功引进国外的资金和技术，快速实现经济发展环境的优化，在高效科学的管理下取得了较好的成绩。随后，在总结了经济特区开发和发展的经验基础上，在国家层面提出了逐步兴办经济技术开发区的计划。在这样的背景下，1984—1988 年，我国陆续建设了包含连云港经济技术开发区在内的首批 14 家国家经济技术开发区，从此拉开中国工业园区建设的序幕[1]。

首批经济特区和经济技术开发区的建设将中国的工业和经济发展带到了新的阶段。在开放灵活的政策和措施指导下，大力引进国外先进技术，集中地开办中外合资、合作及外商独资企业和中外合作科研机构，以合作生产、合作研究为发展方式，开发新的技术，增加出口创汇，传播和交流新的工艺、新技术与科学的管理经验，我国从闭关自守的经济发展方式转向开放型的经济发展方式，从此登上新的发展台阶。

1.2.2　工业园区的发展历程

中国的工业园区经历了从无到有、从分散到集中的发展过程，园区类型逐渐丰富，由单一的出口加工型转向专业化、现代化的高新技术产业。其发展历程主要可以分为以下 5 个阶段[2]。

（1）起步探索阶段（1984—1991 年）

这一阶段是在经历了经济特区发展后的实践起步。从 1984 年起，我国正式启动了国家经济技术开发区的发展工作。1985 年 3 月，中共中央《关于科学技术体制改革的决定》提出："要在全国选择若干智力资源密集的地区，采取特殊政策，逐步形成具有不同特色的新技术开发区。"[3]随后在政策支持下，东南沿海城市逐步建立起首批经济技术开发区和高新技术产业开发区。起步探索阶段是我国工业园区发展的一个重要时期，一方面，园区利用国家的政策和措施优惠，积累起来发展所需的物质基础；另一方面，在经历开发和发展的实践过程中，摸索出园区建设的基本方法，并获得与外商企业合作的经验，园区之间有了相互借鉴的对象，促进了共同进步。[4]

（2）高速发展阶段（1992—2002 年）

1992 年，邓小平同志的南方谈话为工业园区的发展带来了新的机遇。在这一阶段，我国沿海地区又掀起新一轮对外开放和引进外资的高潮，工业园区在数量上取得了突飞猛进的增长，势头迅猛。2000 年中国加入世界贸易组织，外国的资金和新型产业进入中国市场，在此阶段，我国还实施了西部大开发战略，经济开发区开始在中西部地区省会、首府城市发展。全国各地、各县（区）甚至在乡镇都兴起"开发区"热。[5]开发区和高新区的发展节奏迅速加快，与此同时，保税区和出口加工区等各类工业园区陆续涌现，随着中国经济的腾飞而发展。然而"开发区"热隐藏的问题也逐渐出现，部分地区盲目开发园区，优惠政策不合理，耕地面积被侵占，资源浪费现象普遍存在，亟须整顿园区乱象。[2]

（3）调整巩固发展阶段（2003—2006 年）

经过前两个时期的发展和积累，一些开发早、规模大的国家级开发区基础愈加雄厚，产业结构逐渐稳定，投资环境优势更为突出，逐渐向复合型的兼具居住、服务等多种功能的城市新区转变。但是，很多没有经验和基础的园区在外部经济压力以及内部的竞争中面临严峻考验。2003 年，国务院开始对工业集聚区和园区进行规范性清理整顿，发布《国务院办公厅关于暂停审批各类开发区的紧急通知》（国办发明电〔2003〕30 号），全国各类开发区园区中有 6 866 个被清理整顿，剩下 2 000 余个，工业园区逐渐规范化。[2]党的十六大提出科学发展观，给工业园区指引了新的发展方向，即提高吸收的外资质量，以发展现代制造业、优化出口结构为主，致力于发展高新技术产业和高附加值服务业。工业园区开始形成完整的上下游产业链，走向功能复合的道路。

（4）科学发展升级转型阶段（2007—2020 年）

2010 年，国务院发布了《国务院关于印发全国主体功能区规划的通知》（国发〔2010〕46 号），全面促进工业园区的长期平稳发展。[6]但在此过程中，工业园区发展带来的土地、资源环境的压力逐渐显现，同时，各工业园区发展逐渐趋向平稳，规模逐渐稳定，各地区的优惠政策逐渐趋同，园区的发展优势逐渐减弱。[7]我国工业园区在面临这些挑战时，必须作出转变，由传统工业向高效可持续发展的生态工业转变，工业园区也逐渐转向生态工业园区，在生产和消费过程中实现绿色、可循环、可持续的发展模式，在实现地区经济增长的同时，达到环境友好的作用。2007 年，国家环境保护总局、商务部、科技部联合发布了《关于开展国家生态工业示范园区建设工作的通知》和《国家生态工业示范园区管理办法（试行）》，正式开启我国工业园区升级转型的阶段。此后，循环经济工业园区、低碳工业园区、绿色园区、智慧园区等多样化的园区创新理念方兴未艾。[2]

（5）“双碳”目标阶段（2021 年至今）

2020 年 9 月，国家主席习近平在第七十五届联合国大会一般性辩论会上宣布：“中国将提高国家自主贡献力度，采取更加有力的政策和措施，力争于 2030 年前二氧化碳排放达到峰值，努力争取 2060 年前实现碳中和。”这对工业园区的发展也提出新要求。2021 年 9 月，生态环境部印发《关于推进国家生态工业示范园区碳达峰碳中和相关工作的通知》，其中要求生态示范园区强化“双碳”目标要求，进行碳排放现状调查，并编制《园区碳达峰碳中和实施路径专项报告》。[8]在园区层面开展“双碳”工作有利于低碳技术与应用的结合，促进能源结构的转变，为其他企业行业提供示范。

1.3　中国生态工业园区发展历程

生态工业园区是依据循环经济理念、工业生态学原理和清洁生产要求建设的一种新型工业园区，是生态工业的一种实现形式。[9]国家环境保护总局于 2000 年就开始推动生态工业园区建设。鉴于面临的严峻环境保护形势、能源和资源紧缺，2007 年加强了对国家生态工业园区建设的推进。党的十八大之后，生态文明建设被提到前所未有的高度，生态工业园区是生态文明建设在工业领域的重要实践形式。[10]

1.3.1　管理逐步规范

2001 年 8 月，由国家环境保护总局授予的“国家生态工业（制糖）建设示范园区——贵港”牌匾正式挂牌，标志着我国正式开展国家生态工业示范园区的建设探索。之后，我国继续在鲁北、鞍钢等工业集中区和天津、苏州等经济技术开发区开展试点探索。2003 年 12 月，国家环境保护总局发布关于印发《国家生态工业示范园区申报、命名和管理规定（试行）》等文件的通知（环发〔2003〕208 号），对国家生态工业示范园区的创建和管理有了初步的规定。

2007 年 4 月，国家环境保护总局、商务部和科技部联合发布了《关于开展国家生态工业示范园区建设工作的通知》，并成立了国家生态工业示范园区建设协调领导小组，同年制定了《国家生态工业示范园区管理办法（试行）》，对国家生态工业示范园区申报、创建、管理、命名和验收工作做了明确的要求，自此国家生态工业示范园区建设正式进入规范化管理阶段。

在这之后，我国又发布了一批关于生态工业园区建设和管理的政策文件。2008 年 4 月，环境保护部发布了《生态工业园区建设规划编制指南》（HJ/T 409—2007），提出生态工业园区建设规划编制大纲。2009 年 6 月，环境保护部发布《综合类生态工业园区标准》（HJ 274—2009）（现已废止），规定了不同类型生态工业园区创建验收的基本条件，并设计了指标和指标值，用于各种类型生态工业园区的建设、管理、验收和绩效评估，该标准代替了《综合类生态工业园区标准（试行）》（HJ/T 274—2006）。同年 12 月，环境保护部发布了《关于在国家生态工业示范园区中加强发展低碳经济的通知》（环办函〔2009〕1359 号），将发展低碳经济作为重点纳入园区建设内容。2011 年 12 月，环境保护部、商务部和科技部联合发布了《关于加强国家生态工业示范园区建设的指导意见》，指出要充分认识国家生态工业示范园区建设的重要意义，并提出总体要求、重点任务及保障措施等。

2015 年 12 月，为进一步规范国家生态工业示范园区的申报、创建、验收、命名、监督等管理工作，环境保护部、商务部和科技部联合印发了《国家生态工业示范园区管理办法》（环发〔2015〕167 号），并制定了《国家生态工业示范园区标准》（HJ 274—2015）。之后又陆续出台了《关于开展国家生态工业示范园区环保自查工作的通知》《国家生态工业示范园区技术核查要点指南》《国家生态工业示范园区信息公开方案》等，建立了“规划编制—批准创建—验收命名—定期复查”动态管理体系。随着国家生态工业园区标准的制定和颁布，各省（区、市）也结合我国中长期环境保护目标和计划，以及当地的具体情况，制定了各自的生态工业园区管理和建设标准。

1.3.2　数量持续增加

我国自 2000 年开始建设生态工业园区，并从 2007 年开始启动第一批国家生态工业示范区的创建。经过 20 多年的建设，工业生态学、循环经济、可持续发展及低碳发展理念在实践中不断完善和利用，逐步摸索出一条符合我国工业园区生态化建设的道路。2022 年 11 月，生态环境部命名了第六批 106 个生态文明建设示范区。[11]截至 2023 年 4 月，全国共命名 73 个国家生态工业示范园区。目前国家生态工业示范园区已经覆盖 25 个省（区、市）。由于资源禀赋、经济发展水平和产业结构等多种因素影响，东部地区的工业园区发展起步早、数量多、规模大，中西部地区的生态工业园建设落后于东部地区。

1.3.3　成效愈加显著

（1）发挥良好带头示范作用

国家生态工业示范园区的分类由最基本的综合类、行业类、静脉产业类细化覆盖到化工、汽车制造、电子信息等多个行业类型，既有国家级的开发区，也有省市级的，多种多样，地域分布广泛，为全国发展绿色循环经济提供了丰富多样的鲜活范例和典型。成功发展起来的生态工业园区在生态产业链构建、低碳循环发展、降碳减排、生态环境保护等方面拥有丰富的经验以及管理创新理念，通过园区经验交流会、媒体报道和生态工业主题活动等多种宣传方式，发挥了良好的带头示范作用。

（2）生态产业链不断完善

国家生态工业示范园区发挥生态环境保护引领和“倒逼”作用，以持续改善环境质量促进经济绿色转型。生态工业园区淘汰落后产能、限制高耗能与高污染项目的审批，积极发展低碳技术、高新技术和节能环保产业，提高资源循环利用效率、降低污染排放，逐步完善生态产业链。国家生态工业示范区建设规划实施后，每个示范园区平均新增的生态工业产业链项目数量达到 9 项，高新技术企业工业总产值的比例达到 50.3%。

（3）产出效率有效提升

生态工业园区对高耗能、高排放的项目严格把关，鼓励绿色技术进园，政策和管理条例要求技术节能改造、提升能源资源综合利用效率，单位工业增加值综合能耗平均为 0.25 t 标煤/万元，低于全国平均水平。连云港经济技术开发区、天津滨海高新区华苑科技园等示范园区推进“无煤园区”建设，除集中供热以外，燃煤全部清零。上海化学工业区致力于实施能源结构优化调整和技术改造，实现能量多级利用、能源分项计量和管理、绿色照明等重点工程，推动企业开展碳排放检测、碳排放报告、第三方核查和碳排放交易，主导产业如乙烯、烧碱单耗达世界先进水平，成为化学工业绿色发展的引领者。在水资源绿色利用方面，示范园区建立水资源梯级循环利用模式，在实现经济发展的同时，减少水资源的浪费，实现水资源的高效利用。在土地利用方面，示范园区积极探索和发展土地集约利用，面对土地资源使用紧张问题，通过土地二次开发、共同开发等方式促进闲置低效土地利用，提升可用土地面积和土地资源利用效率。2018 年，上海市市北高新技术服务业园区仅利用 3.31 km^2 土地达到总营业收入 2 009 亿元。

（4）环境质量持续改善

国家生态示范工业园区重视园区企业的环保基础建设和生态建设投入，大力推广清洁生产技术，发展循环经济，创新环境治理方式，全面推进污染物减排。苏州工业园区开展环境综合治理托管服务模式试点，整合危险废物、废气等多污染物治理领域，以“污染综合预防、资源能源利用最大化和污染物排放最小化”为实施目标，实现污水、污泥、餐厨垃圾等多要素污染物的协同管理。2020 年，广州开发区上线污染防治攻坚战指挥系统，利用大数据平台，包含蓝天保卫战、碧水保卫战、净土保卫战、污染源监管、固体废物监管、应急指挥、党建等 7 个子系统。应用 1 年后，广州开发区区域环境质量得到持续改善。[12]

第2章

连云港经济技术开发区概况

2.1　连云港经济技术开发区建设历程

连云港北接山东半岛城市群，向东与日本、韩国隔海相望，向西是无限伸展的大陆桥经济带，区域位置优越。连云港开发区位于连云港市东部城区和几何中心。1984 年 12 月 19 日，《国务院关于南通、连云港两市进一步对外开放方案的批复》批准连云港市兴办经济技术开发区，连云港开发区成为首批 14 个国家级经济技术开发区之一。连云港开发区建区初期规划面积 3 km^2。经过多次扩区和发展，至 2023 年，行政管辖面积达 193 km^2，户籍人口约 7.3 万人，常住人口约 10 万人，下辖朝阳、中云、猴嘴 3 个街道和台北、青口 2 个盐场，设有自贸试验区、综合保税区。2019 年 8 月，国务院批复同意设立中国（江苏）自由贸易试验区，连云港片区实施范围 20.27 km^2，其中，开发区区块 14.84 km^2。

40 年来，连云港开发区一路拼搏、一路高歌，在持续发展中取得了令人瞩目的成就，引起广泛关注。目前，连云港开发区重点发展新医药、新材料、新能源、高端装备制造等新兴业态“4+N”主导产业，已建成全国最大的抗肿瘤药物、抗肝炎药物生产基地，全国最大的碳纤维生产基地和亚洲最大的风电装备研发生产基地，高新技术产业产值占规模以上工业总产值比重达 77.7%，先后获批国家生态工业示范园区、国家新型工业化产业示范基地、国家知识产权示范园区等国家级“金字招牌”20 多个，连续 3 年获评五星级国家新型工业化示范基地。建区以来，先后有 27 位党和国家领导人莅区视察工作，并对连云港开发区发展做了重要指示。2009 年，习近平同志到连云港开发区视察，在听取工作汇报之后，更是对连云港今后发展提出殷切希望：“孙悟空的故事，如果说有现实版的写照，应该就是我们连云港在新的世纪后发先至，构建新亚欧大陆桥，完成我们新时代的‘西游记’。”习近平总书记的亲切关怀、殷殷嘱托和充分信任，让连云港开发区人深受鼓舞、倍感振奋。在这片浸润了连云港开发区人 40 年辛勤汗水的热土上，一个现代化新兴园区、一座生态型海滨新城、一方令人向往的宜居福地，连云港开发区正在我国万里海疆中部快速崛起。勇于开拓的连云港开发区人，正继续高举科学发展、绿色发展、创新发展的大旗，努力把握新机遇、谋求新跨越，奋力开启第三次创业的新征程。

（1）起步开发阶段（1984—1994 年）

1985 年 4 月 3 日，连云港开发区管委会成立。同年 9 月，连云港开发区破土动工，首批开工建设 12 项工程。至 1987 年，完成基本建设投资 1.53 亿元，开发土地面积 0.43 km^2，基本具备投资办厂的条件。1988 年 1 月，中国医药工业公司与连云港市制药厂合资建设的药用铝箔生产项目建成投产，开发区进入开发收益期。1990 年，连云港开发区行政管理面积增至 10.8 km^2，规划定位由单一的工业区调整为基本功能齐全的综合性城区。1992 年，区管委会将招商引资作为经济工作的战略重点，成立招商办公室。至 1994 年，连云港开发区实现地区生产总值 3.85 亿元，工业总产值 11.49 亿元。10 年间，累计批准外资项目 189 个，累计注册内资项目 1 049 个，新增开发面积约 5.18 km^2。

（2）拓展开发阶段（1995—2003 年）

1995 年，为扩大经济总量，进一步加快对外开放步伐，市政府将宋跳工业区、大浦化工区划归连云港开发区管理，形成了东、西两个片区，管理面积拓展至 55.38 km^2。1997 年 8 月，经江苏省政府批准，在宋跳工业区设立连云港高新技术产业开发区。2001 年，朝阳镇划归连云港开发区管理。同年，国家火炬计划连云港新医药产业基地获科技部正式批准。为大力发展出口加工贸易，连云港市政府决定在连云港开发区建设出口加工区。2003 年 3 月，连云港出口加工区获得国务院批准。连云港开发区形成了开发区、出口加工区、高新区三区合一、齐头并进的发展格局。至 2003 年，连云港开发区实现地区生产总值 45.13 亿元，工业总产值 125.16 亿元。9 年间，累计批准外资项目 427 个，累计注册内资项目 1 854 个，新增开发面积 7.35 km^2。

（3）临港开发阶段（2004—2010 年）

2004 年，为贯彻落实江苏省委提出的连云港“以工兴港、以港兴市、以市带农”发展要求，连云港开发区管委会编制了《连云港开发区总体发展概念规划》，将原沿中云台山两侧向东、向南发展，调整为向港城大道以北盐田滩涂发展。连云港开发区承担起临港产业区开发建设的使命。以临港产业区起步区和大浦工业区为起点，连云港开发区东西并进，拉开临港产业区 76 km^2 的基础设施建设框架。2005 年 4 月，猴嘴街道（含台北盐场）划归连云港开发区管理，临港建设全面展开。2009 年 12 月 22 日，出口加工区二期工程通过验收。2010 年，青口盐场划归连云港开发区管理，进一步拓展了发展空间。这一时期，高标准建设了 76 km^2 临港新兴产业园，打造了一个路网纵横、水电气等基础设施配套、具有高档绿化品位的一流园区载体，率先从“苏北时代”跨入“沿海时代”。同时，布局建设了 6 km^2 的江宁工业园和镇街工业园。出口加工区叠加了保税物流功能，建成通过验收。至 2010 年，连云港开发区实现地区生产总值 200 亿元，管辖范围达到 126 km^2，在全省 123 个省级以上开发区排名中列第 20 位，是进入“第一板块”的苏北唯一开发区。

（4）新时期发展阶段（2011—2023 年）

1）“十二五”时期（2011—2015 年）

2011 年，进入“十二五”时期，面对错综复杂、快速变化的国内外环境，在连云港市委、市政府的正确领导下，全区上下抢抓机遇、顺势而为、革故鼎新，奋力开启了“第三代科技园区”发展的新阶段，在经济社会发展上赢得了主动，在转型升级中推动了经济社会持续健康发展。2012 年成功迈入“千亿园区”，全面开启了以“提质增效、崛起腾飞”为内涵的“第三次创业”新征程，经济水平增长显著，“十二五”期末全区实现地区生产总值约 290 亿元，年均递增 18.1%。连云港开发区实现经济能级质变跨越，经济实力稳居前列，在 2014 年“最具外资吸引力国家级开发区百强”名单中位列第 64 名。科技创新能力位居同类园区上游，创造了众多“第一”和“唯一”：全球首个胃癌小分子靶向抗癌药阿帕替尼成功获批上市，国内首个中药数字化提取工厂投用，国内唯一的 T700 碳纤维 5 000 t 生产线投入工业化生产。对外投资进入新阶段，对外投资项目 69 项，中方协议投资额 12.6 亿美元，涉及美国、澳大利亚、德国、日本、中国香港等 18 个国家和地区。全区开发面积达到 162 km^2，实现园内建成区水、电、气等“十通一平”。新（改）建黄海大道、花果山大道、松花江路等道路，生命健康产业公共服务平台启用，街村两级社会管理服务平台建成率达 100%。企业登记全面实行“三证合一”、“一照一码”、注册资本认缴制。创新“360 服务”模式，统筹串联投资项目审批、建设项目推进、投产企业运营各个环节，实现项目的全过程跟踪和企业的全方位服务。

2）“十三五”时期（2016—2020 年）

“十三五”时期以来，全区上下坚持以习近平新时代中国特色社会主义思想为指导，牢固树立新发展理念，积极应对宏观环境的复杂变化和新冠疫情的不利影响等，紧紧围绕“高质发展，后发先至”主题主线，牢牢把握“新型科技园区”建设总方向，以提高发展质量和效益为中心，以供给侧结构性改革为主线，开拓进取，真抓实干，全区经济社会持续健康发展。经济规模稳步扩大，2020 年全区地区生产总值达到 357.1 亿元，在全国国家级开发区及全省省级以上开发区综合考评中稳居第一方阵。完成工商登记全程电子化、个体工商户最简化登记、城市网格化综合管理体制改革等工作。全面启动中国（江苏）自由贸易试验区连云港片区开发区区块建设，2019 年 8 月，国务院批复同意设立中国（江苏）自由贸易试验区，连云港片区实施范围 20.27 km^2，其中，开发区区块 14.84 km^2。综合保税区通过国家验收，全面开展保税进口等业务。“一带一路”供应链基地（连云港）项目开工建设，高标准举办中国（连云港）国际医药技术大会。“十三五”期间，累计完成进出口额 143 亿美元。创建省级以上科研平台 28 个，“中华药港”建设全面铺开，国家级碳纤维复合材料公共服务平台建成运营。以创建国家卫生城市、文明城市为抓手，投入 28 亿元，全力推进城乡建设。严格落实“三线一单”生态保护控制要求，建成全市首家国家生态工业示范园区。

3）“十四五”时期（2021—2023 年）

“十四五”时期是国际国内环境复杂多变、不确定性和困难增大的跌宕起伏期，也是全面开启社会主义现代化强国建设新征程的重要机遇期。连云港开发区紧扣“产业创新夯实聚合优势、几何中心打造宜居家园”工作思路，统筹抓好疫情防控和经济社会发展，坚持产业引领，致力城市更新，踔厉奋发、勇毅前行，现代化新港城几何中心建设迈出坚实步伐，顺利实现“十四五”良好开局。新医药产业入围国家先进制造业集群，高效低碳燃气轮机试验装置项目具备试验条件，全球最长风电叶片成功下线，创造中国制造新纪录。快速有效处置三轮突发疫情，保障群众生命安全和经济社会健康发展。设立全省首个企业“环境保护质量奖”，入选第一批国家清洁生产审核创新试点园区。2022 年，连云港开发区全力克服疫情冲击，经济持续企稳向好，全区实现地区规模以上工业产值为 829 亿元。

2.2 连云港经济技术开发区产业发展

1988 年 1 月，中国医药工业公司与连云港市制药厂合资建设的药用铝箔生产项目建成投产，标志着连云港开发区开启产业发展。至 1989 年，全区共批准连云港钟山氨纶有限公司等外资项目 6 个、连云港药用包装材料厂等内资项目 56 个。1997 年 8 月，经江苏省政府批准，在宋跳工业区设立连云港高新技术产业开发区，致力于发展高新技术企业。2001 年，国家火炬计划连云港新医药产业基地获科技部正式批准。2003 年 3 月，连云港出口加工区获得国务院批准，大力发展出口加工贸易。2004 年，连云港开发区进入临港开发阶段。成立江苏新海连集团有限公司，积极探索资产资本运作新模式。做好企业服务，成立连云港开发区行政服务中心，提高服务企业效能。加大对高新技术项目的扶持力度，支持企业研发高新技术项目，培育和壮大新医药、新材料、新能源和高端装备制造业，形成“三新一高”的产业发展格局。

至 2011 年，在新医药领域，集聚了江苏恒瑞医药股份有限公司（简称恒瑞医药）、江苏康缘药业股份有限公司（简称康缘药业）、江苏豪森药业集团有限公司（简称豪森药业）等知名企业 30 多家，形成了新型抗肿瘤药、新型肝病药物、麻醉镇痛药物、新型中成药、新型药用包装材料、医用消毒灭菌设备六大特色医药集群，成为国家级新医药产业基地和全国最大的抗肿瘤药物、抗肝炎药物生产基地。在新材料领域，拥有中复神鹰碳纤维股份有限公司（简称中复神鹰）、江苏奥神新材料股份有限公司（简称奥神新材料）、衡所华威电子有限公司（简称衡所华威）等企业近 40 家，碳纤维、超高分子量聚乙烯纤维等技术水平国内领先，建成国家级新材料高技术产业基地、高性能纤维及复合材料高新技术产业化基地。在新能源领域，拥有连云港中复连众复合材料集团有限公司（简称中复连众）、韩华新能源科技有限公司（简称韩华新能源）、国能联合动力技术（连云港）有限公司（简称国电联合动力）、重山风力设备（连云港）有限公司（简称重山风力设备）等企业，形成了风电设备研发生产的完整产业链，成为亚洲最大的风电装备基地。在装备制造领域，拥有东方国际集装箱（连云港）有限公司（简称东方国际集装箱）、连云港无创铝制品制造有限公司（简称启创铝制品）等企业，加快打造东部沿海制造业集聚高地。以益海为代表的油脂深加工、以罗盖特（中国）营养食品有限公司为代表的精细化工、以大陆汽车电子（连云港）有限公司为代表的汽车零部件制造业等产业影响力也在与日俱增。引导企业强化技术改造、科技研发投入等系列文件陆续出台，企业自主创新成果不断涌现，市场竞争力日益增强。现代服务业异军突起，培育软件开发设计、物流服务、人力资源管理等领域的服务外包企业，形成服务外包产业链条，打造具有鲜明产业特色、环境优美的服务外包集聚区，成功获批“江苏省国际服务外包示范区”。

“十二五”时期，园区明晰了“二三二”主导产业发展体系。第一个“二”就是大力培育生命健康和先进材料两大战略性新兴产业，重点发展化学药、生物医药、创新药、医疗器械和高性能纤维、先进高分子、电子材料等产业，打造全国战略性新兴产业的增长极；“三”就是积极培育大型装备、精密机械和消费电子三大先进制造业，重点发展新能源汽车、移动电子、生活电器等产业，打造江苏沿海先进制造业的新高地；第二个“二”就是加快培育生产性服务和文化创意两大现代服务业，重点发展软件和服务外包、现代物流、互联网经济等新型业态，打造现代服务业的集聚区。建成了全国最大的抗肿瘤药物、抗肝炎药物生产基地和现代中药生产基地、亚洲最大的风电装备基地，形成了抗肿瘤新药、风电装备、汽车零部件、高端电子、油脂深加工 5 个过百亿元特色产业集群。

“十三五”时期，坚持发展以新医药、新材料、新能源和高端装备制造为主导的“三新一高”产业。新医药产业优势凸显，医药产值占全部产值的比重达 60%，连续两年获评五星级国家新型工业化产业示范基地，成为我区最具特色和影响力的支柱产业。新材料产业不断壮大，中复神鹰、杜钟氨纶、奥神新材料等企业加快发展，慧智有机发光二级管（OLED）新材料、高驰覆铜板等 5G 新材料布局建设，成为连云港开发区最具潜力和发展空间的新增长极。新能源产业稳步推进，中复连众、国电联合动力等企业不断壮大，LNG 相关产业抢抓布局。高端装备制造产业加快发展，启创铝制品、北方变速器、前沿重工等汽车零部件企业，以及东方集装箱等物流装备企业稳步发展。

2021 年，进入“十四五”时期，连云港开发区产业能级不断提升，新医药、新材料、新业态和高端装备制造“4+N”主导产业加速崛起，中华药港打响品牌，中国材料谷、高端装备制造产业园加快建设，风光储一体化新能源产业集群、先导高端设备生产线制造等一批 100 亿元、50 亿元重大项目签约落地，富驰粉末注射智能制造产业园、联瑞球形粉体材料等 28 个项目竣工投产。至 2022 年，新医药、新材料和高端装备制造等主导产业产值占全区的 73.6%，全国最强医药创新生产基地、全国最大碳纤维生产基地、亚洲最大风电装备生产基地“三峰并立”，位列医药工业百强企业数第 2、先进制造业园区百强榜第 42。在空间布局上，形成了各类产业与六大组团相互融合发展的态势。

2.3 连云港经济技术开发区基础设施

1984—1987 年，连云港开发区完成基本建设投资 1.53 亿元，建成道路 7 万 m^2，建造各类房屋近 4 万 m^2，开发土地面积 0.43 km^2。同时，参与民航机场、供水管网、供电线路、通信设施等区外配套工程的建设，基本具备投资办厂的条件。随着产业的快速发展，连云港开发区依靠国家贷款、自身财政收入、土地资源效益投入等渠道，筹措开发建设资金，不断加大投资力度，基础配套设施日臻完善。至 2011 年，共完成基础设施投入 138.87 亿元，在道路管网等方面，建成道路 258.75 km，面积 504.18 万 m^2；敷设供水管道 157.80 km、雨污水管道 546.67 km；建成污水处理厂 2 个、热电厂 1 个、污泥发电厂 1 个、变电所 11 座，35 kV 以上供电线路 27 条、长约 124 km；邮政电信、移动通信设施臻备，功能齐全。大浦河调尾等水利重点工程竣工，城区防洪排涝能力显著提升。

“十二五”时期，连云港开发区基础设施加快完善。全区开发面积达到 162 km^2，实现园内建成区水、电、气等“十通一平”。新（改）建黄海大道、花果山大道、松花江路等道路，顺利完成连云新城、快速公交系统（BRT）、排淡河整治等重大工程任务。为提高滨海片区人民的生活质量、保障人民身体健康，改善开发区临港产业区、花果山大道两侧地块的投资环境，提升工业区整体形象，2012 年，江苏新海连发展集团有限公司完成了连云港开发区西北组团污水处理厂一期工程项目的环评与可行性研究报告编制、评审及报批，基础设施简介见专栏 2-1。

专栏 2-1　基础设施简介	
大浦工业区污水处理厂	大浦工业区污水处理厂水处理量为 4.8 万 t/d，于 2009 年 4 月建成，2010 年 3 月通过市环保局环保“三同时”验收，验收废水处理规模为 2.4 万 t/d。2016 年开展了提标改造，从德国百乐克工艺改造为 A^2/O 工艺，将排放标准由《城镇污水处理厂污染物排放标准》（GB 18918—2002）二级标准提升为一级 A 标准，2017 年完成了改造并通过验收。 目前，已扩建至 10 万 t/d 的处理能力
墟沟污水处理厂	墟沟污水处理厂设计规模 8 万 m^3/d，建设规模 4 万 m^3/d 的一期工程已建成，2008 年投入使用。墟沟污水处理厂采用 A^2/O 处理工艺，是二级生物处理，该工艺不仅能有效地去除有机污染物，还具有除磷脱氮功能。2019 年通过了提标改造验收，排放标准由原《城镇污水处理厂污染物排放标准》（GB 18918—2002）二级标准提升为一级 A 标准。目前，墟沟污水处理厂由连云港开发区与连云区共用，新扩建的 4 万 t/d 生产线正在调试，收水范围覆盖中心区、江宁工业城、综保区、临港东片区（扩区）、朝阳街道及中云街道
临港污水处理厂	临港污水处理厂（原名为西北组团污水处理厂）一期工程项目设计处理能力为 4.8 万 t/d，位于开发区临港产业区西北片区（临洪路以东、开太支河以南、云桥路以西、云池路以北），实际处理量 2.4 万 t/d，处理工艺为 MSBR 生化法。收水范围主要由两部分组成：一是连云港临港新兴产业区西北片区，污水性质为工业废水和生活污水；二是连云新城（滨海新区）西南片区，以居住和公用设施用地为主，污水性质为生活污水。以 MSBR 生化法为污水处理工艺，出水达到《城镇污水处理厂污染物排放标准》（GB 18918—2002）一级 A 标准，2017 年年底正式投入使用

连云港鑫能污泥发电有限公司	连云港鑫能污泥发电有限公司（简称鑫能污泥）于 2006 年 10 月 19 日注册成立，目前资产总额 1.5 亿元。位于连云港经济技术开发区珠江路 4 号，占地面积为 68 080 m^2，是开发区内的工商业及生活用气热电联产集中供热中心。通过焚烧处置城市生活污泥进行供热和发电，2015 年共有 23 家用气单位，管网总长 14.96 km，供热覆盖半径 5 km，供热能力达到 150 t/h（其中 2.5 MPa 级 30 t/h，1.27 MPa 级 120 t/h），年发电能力 1.8 亿 kW · h。2023 年，处理污泥量 1 200 t/月，供热能力 120 t/h，供热管网总长度 15 km，主要覆盖中心区、江宁工业城和综保区
连云港晨兴环保产业有限公司	连云港晨兴环保产业有限公司（简称晨兴环保）是杭州锦江集团旗下的中国绿色能源有限公司采用特许经营方式建设、运行、管理的热电联产企业，是连云港市环境保护的重要基础设施之一。位于主城区东北方向的大浦工业区云桥路 20 号，距离主城区约 15 km，周边 3 km 内无居民区。项目占地 192 亩，建设规模为日处理生活垃圾 800 t，总投资约 2.61 亿元。垃圾焚烧发电项目于 2010 年 3 月 31 日首车垃圾进厂，2010 年 4 月 15 日并网发电。该项目选用 2 台日处理 800 t 异重循环流化床垃圾焚烧锅炉（$1^{\#}$、$2^{\#}$）和 2 台日处理能力分别为 700 t、500 t 的异重循环流化床垃圾焚烧锅炉（$3^{\#}$、$4^{\#}$），配 1 台 12 MW 及 1 台 6 MW 抽凝式汽轮发电机组。一方面，解决了连云港市区和周边城镇的生活垃圾出路问题；另一方面，还可利用垃圾焚烧后的热量发电、供热，供热满足连云港市大浦工业区（8 km 范围内）热用户用热需求。2019 年，企业在现有厂区北侧空地扩建 1 台 750 t/d 机械炉排焚烧炉（$5^{\#}$炉）+1 台 35 MW 抽凝式汽轮发电机组，并在 2 年内关停和拆除 $1^{\#}$、$2^{\#}$循环流化床炉。2023 年，供热能力 140 t/h，供热管网总长度 26 km，主要覆盖大浦片区、西北组团片区

“十三五”时期，连云港开发区以创建国家卫生城市、文明城市为抓手，投入 28 亿元，全力推进城乡建设。新改建道路 93 km，新增污水管线 58 km、供水供电管线 160 km，深入开展猴嘴棚户区改造，完成旧城改造 51.7 万 m^2，全区交通、能源、水利、市政、信息等基础设施网络和教育、卫生等公共服务设施条件明显改善。西北组团污水处理厂更名为临港污水处理厂，并于 2017 年年底正式投入使用。2020 年连云港开发区承担江苏省环境基础设施建设工程 17 项，主要包括城镇污水管网新建或改造、工业园区污水管网新建或改造、污水处理设施升级、生活垃圾（含餐厨废弃物）处理设施升级、工业集聚区环境监控预警平台建设工程以及河道清淤等。为缓解连云港开发区缺水问题，2020 年连云港恒隆水务有限公司决定投资 200 万元建设连云港开发区大浦工业区污水处理厂中水回用项目，见专栏 2-2。

专栏 2-2 恒隆水务中水回用项目

连云港开发区委托连云港恒隆水务有限公司（简称恒隆水务）运营的大浦工业区污水处理厂，收水范围为宋跳工业区、大浦工业区猴嘴街道以西，昌圩湖路以南范围，收水范围约为 17.8 km^2。辖区范围内涉水排放企业包括韩华新能源有限公司（简称韩华新能源）、中复神鹰、江苏恒瑞医药股份有限公司（简称恒瑞医药）、豪森宏创、润众制药等 21 家（涉工业废水排放 15 家），工业废水排放量约为 2.8 万 t/d，另外，宋跳工业区、大浦工业区企业生活污水和居民小区还有 2 万 t/d 左右的污水接入恒隆水务。水质满足周边连云港市中港混凝土有限公司厂用水要求，作为中水直接回用，用量为 100 t/d。

目前，连云港开发区集中设置的生活垃圾及污水处理厂污泥（一般固体废物）无害化处置单位，实现了资源的集中式、集约型综合利用，形成了生态效益与经济效益“双赢”的良好局面。区内晨兴环保利用生活垃圾掺烧的方式实现热电联产，其 800 t/d 的处理能力实现年上网电量近 1 亿 kW·h、供热 35 万 t，每年节约土地资源约 70 亩，节约标煤 2.68 万 t，减排二氧化碳约 5 万 t，减排 COD 约 1 156 t；鑫能污泥利用污泥掺烧实现热电联产，供热能力达到 125 t/h，供热半径达 15 km，供电能力达 2.1 万 kW·h。

2.4 连云港经济技术开发区生态环境管理情况

2.4.1 生态环境管理机构

建区初期，连云港开发区环境保护工作由连云港市环境保护局负责。1989 年 2 月，连云港开发区规划建设局成立，负责区内环境保护工作。1994 年 4 月，连云港开发区环境保护局成立并与区规划建设局合署办公。1995 年 7 月，连云港开发区环境监测监理站成立，与区环境保护局“两块牌子、一套班子”。2000 年 1 月，连云港开发区环境监测监理站更名为连云港开发区环境监理大队。2002 年 10 月，更名为连云港开发区环境监察大队。2004 年 4 月，连云港开发区规划建设局内设环保处（与区环境监察大队合署）。2005 年 8 月，连云港开发区规划建设局更名为连云港开发区建设局，内设环保处（与环境监察大队合署同时挂环境保护局牌子）。2012 年 6 月，经连云港开发区管委会批复同意，将连云港开发区环境保护工作职能从连云港开发区建设局划出，连云港开发区环境保护局作为管委会职能部门独立运行。2019 年 9 月，根据连云港开发区党政办印发的《连云港经济技术开发区机构改革方案》，管委会机构编制内不再设置环境保护机构。2020 年 6 月，经连云港市生态环境局和连云港开发区协商一致，原连云港开发区环境保护局人员与连云港市生态环境局派驻人员合署办公并挂牌成立了市生态环境局开发区分局（以下简称生态环境分局）。2022 年 10 月，为完善和推进连云港开发区生态环境部门机构、人事管理改革，连云港市生态环境局和连云港开发区党工委以专题会议纪要形式进一步明确了生态环境分局党组设置、处室设置、干部任免、党员管理等方面问题。生态环境分局共设有综合处、生态保护处、大气环境处、水环境处、土壤环境处（固体废物管理处）、环境监管处（法规处）6 个处。生态环境分局的主要职能：贯彻执行上级环境保护的方针、政策和法律法规，拟订全区环境保护规划和计划，组织实施国家和地方环境质量标准；负责实施水体、大气、土壤、噪声、光、恶臭的污染防治，秸秆禁烧，环境监测，污染物总量减排，企业环保信用评级及污染责任保险等工作；负责环境突发事件应急处置、核与辐射登记和日常监督管理、固体（危险）废物转移处置监督管理等工作；负责开展国家生态工业示范园区创建、生态文明建设工程、ISO 14001（环境管理体系）运行、生态红线管理、生物多样性保护、绿色创建等工作；负责环保“三同时”验收，清洁生产审核，环境信息、环境统计、环境科技、环境宣教、环保产业发展、环保资金申报等工作；开展日常环境监管，配合市生态环境综合行政执法局开展环境执法工作；污染源的污染物排放情况、污染防治设施运行情况的现场监督检查、环境污染和生态破坏的投诉、举报的处理工作；突发环境事件应急处置。因环保机构垂改原因，自 2021 年 9 月起环评审批及其紧密关联的建设项目环保准入预审、排污许可等职能由原区生态环境局划转至区行政审批局。

2.4.2 生态环境保护工作概况

（1）生态环境基础设施情况

1）污水处理厂

区内建有集中式污水处理厂 2 座，分别为大浦工业区污水处理厂（10 万 t/d)、临港污水处理厂（4.8 万 t/d)，收水范围覆盖大浦片区、西北组团片区、猴嘴街道、朝阳工业园；与连云区共用集中式污水处理厂 1 座（墟沟污水处理厂），设计处理污水能力为 8 万 t/d，收水范围覆盖中心区、江宁工业城、综保区、临港东片区（扩区）、朝阳街道及中云街道。

2）集中供热点

区内建有集中供热点 2 个，分别为：鑫能污泥，利用市政污泥掺烧实现热电联产，处理污泥量 1 200 t/月，供热能力 120 t/h，供热管网总长度 15 km，主要覆盖中心区、江宁工业城和综保区；晨兴环保，利用垃圾焚烧后的热量发电、集中供热，供热能力 140 t/h，供热管网总长度 26 km，主要覆盖大浦片区、西北组团片区。

3）环境国省考点位

水环境方面，涉及连云港开发区的国省考断面 4 个，其中国考断面 3 个，即大浦河大浦闸、排淡河大板跳闸（连云区、海州区、开发区共考）、烧香河烧香北闸（连云区、海州区、开发区、徐圩新区、云台山景区共考）；省考断面 1 个，即东盐河 242 公路桥。按照省生态环境厅、省财政厅文件，这 4 个断面自 2021 年 5 月起按照Ⅲ类水质标准考核并实施断面补偿。大气环境方面，区内设有大气国控点 1 个，位于中心区德源药业公司楼顶，监控大气环境指标有二氧化硫（SO_2）、氮氧化物（NO_x）、一氧化碳（CO）、臭氧（O_3）、$PM_{2.5}$、PM_{10}。同时，连云港开发区也协助改善海州区工贸学校大气国控点指标。另外，区内朝阳、中云、猴嘴 3 个街道设置了大气环境质量省控点，每月纳入全市 92 个乡镇（街道）排名。

（2）生态环境质量情况

1）大气环境

5 年来，连云港开发区按照“精准管控、分类治理”的思路，以“5+2、白加黑、全天候”的硬措施，从燃煤锅炉淘汰、工业源治理、扬尘治理、挥发性有机物（VOCs）治理、城市污染综合治理等多方面开展工作。每年的年度“治气”工程均率先全面完成，秸秆综禁工作连续 11 年实现夏秋收期间“零火点、零抛河”，企业友好减排、深度减排执行到位。截至 2023 年年底，全区大气 $PM_{2.5}$ 平均浓度为 30 $\mu g/m^3$，较 2019 年下降 23.1%，空气优良率达 82.5%，较 2019 年提升 12.2%，空气质量有了质的改善和提升。

2）水环境

5 年来，连云港开发区严格落实“全流程、全要素、全天候”治水理念，累计完成“治水”项目 125 个。一是加强重点排污企业监管，强化企业源头管控，完成大浦片区重点排水企业“一企一策”工作，确保污水排放全面稳定达标；二是抓好河道常态化管控，通过源头截流、设置水环境改善设施、强化水质监测、生态补水等方式，降低国、省考河道的污染风险；三是强化农村污水治理，完善村庄污水收集，减轻生活污水随降雨溢流入河影响，统筹推进实施养殖尾水生态化改造，加强农业面源治理。截至2023年年底，全区4个国、省考断面水质实现“优III”比例100%，创有监测以来最优水平。

3）土壤环境

连云港开发区土壤污染重点监管企业18家，已100%签订监管责任书，由连云港开发区指导督促其按照要求落实土壤污染风险管控措施，并完成隐患排查及整改工作。2019年以来，完成拟出让建设用地土壤状况调查地块38个，面积为3 695亩，专家评审通过率100%。因此，建设用地土壤安全利用率为100%。

4）地下水环境

根据2023年对连云港开发区代表性的7个地下水点位监测结果，连云港开发区地下水质量均优于《地下水质量标准》（GB/T 14848—2017）表1中除放射性和微生物指标外的36项常规指标IV类标准。

5）声环境

根据《连云港市生态环境质量报告书（2022年度）》监测结果，连云港开发区作为市辖区声环境质量总体较好。环境噪声年均等效声级为52.8 dB，达到“较好”等级，同比下降0.5 dB；交通噪声等效声级为61.2 dB，达到“好”等级，同比下降1.8 dB；噪声昼间达标率为100%，同比持平，夜间达标率为100%，同比上升2.9个百分点。

（3）企业环保管理情况

截至2023年年底，连云港开发区纳入日常环保监管企业达440家（含规模以上企业141家），其中工业废水排放重点企业47家，工业废气（粉尘）排放重点企业185家，危险废物产生企业80家，涉核与辐射管理单位14家（含社区卫生服务中心）。

企业废气治理。为全面治理挥发性有机物和粉尘污染，企业严格按照“源头减少污染物使用、中间加强收集、尾端强化治理”三步法全面进行环保治理提档升级，全面提升废气治理水平。2019年以来，区内企业已投入4.5亿元用于废气治理综合提升改造。目前，企业共建成309套废气治理设施，安装了49套固定源、111套边界在线监测设备，确保废气污染物稳定达标排放。

企业水污染防治。2019年以来，连云港开发区企业累计投入5.2亿元持续完善雨污水收集、污水管网、预处理设施、在线监测等硬件设施，建成废水自动监控设备51台套、雨水自动监控设备18台（套）。连云港开发区强化企业源头管控，推进34家重点排水企业“一企一策”工作，推动企业按“污水专管输送、雨水明渠排放”要求实施厂区雨污分流改造。定期组织排查整治及帮扶指导，深入检查企业排水情况，分析可能的污染来源，会商解决相关问题难点。针对环保督察、省市交办涉水企业问题交办件，开展企业污水处理设施运行专项执法检查，严肃查处涉水环境违法行为，确保污水全面稳定排放达标。

企业固体废物管理。始终坚持危险废物管理 “三化一提升”（减量化、资源化、无害化、提升水平）工作理念，连云港开发区产废企业由 2019 年的 38 家增至 2024 年的 81 家，产废种类由 17 大类增至 22 大类，危险废物年产生量由 1.05 万 t 增至 3.9 万 t，均委托连云港市内外的危险废物处置单位进行无害化处置，基本实现“月产月清”。截至 2023 年年底，连云港开发区危险废物贮存量为 164.5 t，较 2019 年下降 84.3%。目前，企业危险废物规范化管理评估合格率均达 100%，并连续 3 年获得市生态环境局通报表扬。

（4）企业绿色发展与制度创新

连云港开发区会同连云港市生态环境局设立了全省首个企业“环境保护质量奖”，每年设立百万元奖金开展评选表彰，对企业环保工作人员进行奖励，极大激发了企业主动改进环保管理、推进绿色发展的积极性。“十四五”时期以来，连云港开发区获评国家绿色工厂 3 家、国家绿色供应链 1 家、省绿色发展领军企业 6 家，数量位居苏北领先、全市第一。

1）环境管理体系认证情况

2003 年连云港开发区在苏北地区率先开展 ISO 14000（环境管理体系认证）工作并获得认证证书，2006 年 4 月 28 日又顺利通过了换证复审。ISO 14001 环境管理体系的运行，明确了连云港开发区各部门的职责，并对各项环境管理工作制定了规范化、标准化、制度化的文件，使连云港开发区全区围绕遵守环保法律法规、污染预防、持续改进等要求，制定一套系统的保证措施、运行程序和制度，并予以运行、落实和不断完善，环境管理工作逐步走上了系统、有序的轨道，环境管理水平得到进一步提高。“十三五”时期，完成开发区 ISO 14001 环境管理体系、ISO 9001 质量管理体系的换版工作，以及 2 个体系的管理手册、程序文件、部门工作手册的换版修订，开展了内审员培训和所有记录的整理，完成了内审和管理评审，至 2023 年已完成 6 次换证审核、14 次监督审核。

2）高水平组织第二次全国污染源普查

根据国务院统一部署安排，克服人员少、普查量大的困难，配合委托单位完成 380

余家企业（工商户）的培训、清查、入户调查培训、数据收集和填报等工作。原连云港开发区环境保护局获评全国第二次污染源普查先进集体。

3）全面建成国家生态工业示范园区

始终围绕“创新、低碳、循环”的创建理念，不断推动产业生态化改造、节能减排、循环经济等各项工作，环境绩效和示范效应显著。2016 年 11 月，连云港开发区国家生态工业示范园区创建顺利通过环境保护部、科技部及商务部联合验收命名，位列全国第 37 家、苏北第 2 家、连云港市第 1 家，标志着连云港开发区在工业生态文明建设领域进入全国前列。在生态环境部组织的 2020 年度国家生态工业示范园区复查评估中，26 项国家标准指标中有 10 项指标连续 4 年持续提升，获得复查评估组高度认可，复查评估排名位列第一。

4）创新推进生态环境政策集成改革试点

连云港开发区以创新的管理模式和优异的环境绩效入选了江苏省首批生态环境政策集成改革试点园区（全省仅 10 家）。以“中华药港”和自贸试验区为切入点推进改革工作，向江苏省生态环境厅上报典型成果案例 9 项。2020 年，连云港开发区进行《全流程全要素全天候推进水污染防治》生态环境治理改革创新。2022 年 2 月，连云港开发区会同连云港市生态环境局在全省设立首个企业“环境保护质量奖”，并于 2023 年 2 月对首批 7 家企业进行了颁奖，激励企业在生态环境保护方面做到守法合规、勇于创新、绿色发展，推动园区由“倒逼”发展向“倒逼”发展与激励发展并重转变。

5）持续提升绿色创建水平

成功创建江苏省首批绿色发展领军企业 6 家，数量位居全市第一。牢固树立生态品牌意识，大力推进绿色制造体系建设，恒瑞医药、豪森药业、康缘药业 3 家企业建成国家级绿色工厂、国家级绿色供应链管理示范企业，江苏德源药业股份有限公司（简称德源药业）、杜钟氨纶 2 家企业建成省级绿色工厂，益海（连云港）粮油工业有限公司（简称益海粮油）、中复神鹰等 7 家企业通过能源管理体系认证，朝阳、中云 2 个涉农街道全部创成国家级生态乡镇，五羊、西诸朝 2 个社区获批省级绿色社区，中云中学、香缇幼儿园等 5 个省级绿色学校通过验收命名，全区市级绿色创建品牌覆盖率超过 90%。

6）开展工业园区规划环评和环境保护规划

连云港开发区先后于 1995 年完成中心区规划环评，2001 年完成宋跳、大浦工业区规划环评，2004 年完成出口加工区环评和规划，2005 年完成 10 km^2 国家级开发区扩区环评报告书和环保规划，并上报国家环境保护总局审批，2010 年开展了临港产业区西北组团区域环评。根据国家环境保护总局的要求，连云港开发区先后在 2006 年和 2008 年进行环境影响回顾性评价工作，“十三五”时期，完成了 18 km^2 的国家级开发区、扩区及出口加工区规划回顾性环评，59.56 km^2 的大浦片区、临港产业区西北片区和江宁工业城产业规划环评报告编制，并分别通过了生态环境部批复和市环保局组织的专家审查。2019 年，完成了 18 km^2 的国家级片区（中心区、出口加工区、扩区）规划环境影响跟踪评价。2024 年，完成市托管区域（大浦片区、临港产业区西北片区、江宁工业城、“一带一路”国际物流园）产业发展规划环评。

7）创新入区项目环保审批

在建设项目环评审批中，连云港开发区能够落实项目准入评估实施细则和项目准入负面清单，严格控制异味污染严重的企业准入。能够按照“发展与环保并重”的原则，推进“三线一单”和“多评合一”管理，创造性开展事前“承诺制”预审和事中、事后“两评审”监管。多次陪同招商人员外出考察项目，耐心、细致做好解释沟通工作，靠前解决环保准入问题，推动准入项目尽快落地。所有审批均是即接即办，尽最大可能缩减审批时间。连云港开发区已在自贸试验区内实施行政审批“1220”改革，实现 1 个工作日内完成企业开办、2 个工作日内完成不动产登记、20 个工作日内完成一般工业建设项目施工许可证的“1220”模式。

8）全方位开展建设项目环境管理

连云港开发区开展环境监察工作，对在建项目环保“三同时”的落实情况和生产企业污染治理设施运行情况进行定期检查，确保企业污染物达标排放；开展了危险固体废物的调查登记工作，并建立危险固体废物管理台账，对区内有固体废物排放的企业进行定期核查，监督企业将危险固体废物送市固体废物处理中心焚烧处理。对园区内现有已投产企业定期开展环境保护管理专项调查，开展了化工企业危险化学品安全生产和环境污染事故预防专项检查工作，对区内生产、运输和储存危险化学品的企业进行了拉网式检查，建立相应的企业环境档案，要求企业建设污染事故应急设施和制定污染事故应急预案，目前区内涉及危险化学品的企业均已制定环境事故应急预案并上报开发区生态环境分局备案，通过有效的环境风险管理避免因安全事故造成的环境污染事故的发生。在此基础上，连云港开发区已在《连云港开发区环境风险事故应急预案》《连云港开发区突发公共事件总体应急预案》《连云港开发区生产安全事故应急救援预案》中将环境风险事故下的应急措施作为一项重要内容纳入整体内容中，目前连云港开发区已形成了较完善的环境风险管理机制。

9）工业企业规范化管理

2019年，为进一步加强开发区工业污染源环境管理工作，规范全区工业企业的环境行为，推动企业主动承担法律法规赋予的环境保护社会责任，连云港开发区特制定《开发区工业企业环保管理规范化建设指南》。2022年，企业危险废物规范化管理考核达标率100%，在市级督查考核中被评定为优秀等次并获得市生态环境局书面表扬。

10）企业精细化管理

2022年，深入推进“一企一策”精细化管理，以“三化一提升”为抓手，大力推进全区74家产废企业危废全生命周期规范化管理和风险管控。2022年区内共56家产废企业建立了“一企一档”，实施精准管控，全部签订危险废物环境守法主体责任承诺书。每月调度一次企业危废库存和处置情况，年均召开2次以上产废企业和处置企业交流会。VOCs综合治理“一企一策”管控，对涉气企业进行源清单排查及系统填报，挥发性有机物泄漏检测与修复纳入信息平台。

11）开展清洁生产整体审核创新试点

连云港开发区积极贯彻执行《清洁生产促进法》，严格按照工业园区规划环境影响评价的结论，限制能耗大、物耗高、污染重的项目入区建设，鼓励技术先进、节约能源、无污染或少污染、科技含量高的产业和产品的发展。帮助和支持区内企业开展清洁生产审核和改造，引导重点企业开展循环经济试点工作。鼓励和引导区内重点单位用能企业开展能源审计，向上级部门报送能源利用状况报告表，自觉接受有关部门的监督检查和考核。2022年，连云港开发区作为全市唯一代表成功入选第一批国家清洁生产审核创新试点园区（全国仅40个园区入选，其中江苏省仅4个）。

12）建立“三制度”精准化解环境信访

一是建立领导包案处理制度。成立环境信访积案化解工作组，实行“一把手”负总责、亲自抓，召开突出环境问题信访件化解推进工作会议，对突出环境信访件进行集中清理，并分类建立了台账，专人专件管理，按时间节点及时回复信访人，切实、及时解决合理诉求，完成化解。做到逐案分析原因，逐案找信访人谈话，逐案落实领导包案，逐案研究解决方案。二是建立处室联合处置制度。针对重大环境信访事项及“小、散、乱、污”等敏感信访问题，由生态环境部门牵头，会同公安局、检察院、住房城乡建设局、应急管理局等多部门开展联合执法，各部门按各自职责分类处置，发现严重的环境违法行为，依法移送司法部门查处。三是建立政企联动制度。通过召开政企沟通会议，由生态环境部门会同相关部门与企业代表面对面沟通，了解企业在整改过程中存在的问题，研究解决方案，及时化解信访矛盾。

13）不断夯实信息化监管能力

连云港开发区积极响应中央关于落实碳达峰目标和碳中和愿景，聚焦“减污降碳”总要求，率先创新举措，依托“互联网+智能化”手段，建成了集给水、排水、监测于一体的智慧水务平台。全区设置大气 CO_2、TVOC（总挥发性有机物）自动监测站 20 个，建设投运国省考出入境河道断面自动监测站 5 个、污水管道关键节点自动监测站 8 个，实现了对温室气体和挥发性有机物排放、水体污染物变化的“全天候、全时段、全流程”监控。

14）积极向上争取环保资金

连云港开发区每年积极向上争取环保资金，进行生态环境保护工作。2022 年，共计获得各级各类生态环境保护专项资金 3 665.15 万元，较 2021 年大幅提升 578.7%，创造了“十三五”以来向上争取新纪录。

15）加大生态工业宣传力度

国家生态工业示范园区建设过程中，连云港开发区不断加大生态工业宣传力度，充分发挥报纸、电视、网络等新闻媒介作用，通过设立报纸专版、电视专题和设置宣传栏等多种形式，大力弘扬环境保护、资源再生和生态建设等方面的先进典型，引导公众牢固树立循环经济和可持续发展观念。

2.5　连云港经济技术开发区生态工业园区建设历程

2011 年年初，连云港开发区启动了国家生态工业示范园区创建工作，是连云港市乃至苏北首个启动创建的开发区。将连云港开发区创建成国家生态工业示范园区是连云港创建国家级生态市的基础单元和必要条件，创建工作列入省沿海开发重点项目。

2.5.1　准备阶段（2011 年）

连云港开发区国家生态工业示范园区建设工作始于 2011 年。2011 年 5 月，成立连云港经济技术开发区创建国家生态工业示范园区领导小组及办公室（挂靠环境保护局）。区环境保护局局长任办公室主任，并抽调 4～5 人作为创建专职成员，负责日常管理工作。办公室组织相关工作人员深入学习国家生态工业示范园区创建条件、标准，并前往扬州等地的开发区学习借鉴创建经验。2011 年 7 月 15 日，办公室根据生态工业园区创建申请要求，向生态工业园区领导小组办公室提出创建申请。以 76 km^2 高新技术产业集聚度高、生态工业基础良好的临港新兴产业区为建设规划范围，委托中国环境科学研究院编制规划。

2.5.2 创建阶段（2011—2012 年）

2011 年 7—9 月，连云港开发区组织完成《连云港经济技术开发区国家生态工业示范园区建设规划技术报告》和《连云港经济技术开发区国家生态工业示范园区建设规划》的编制。2011 年 11 月建设规划和技术报告通过江苏省环境保护厅组织的预审核，2012 年 4 月获得批准建设江苏省省级生态工业园区。2012 年 12 月 19 日，《连云港经济技术开发区国家生态工业示范园区建设规划》顺利通过环境保护部、商务部、科技部评审。标志着连云港开发区国家生态工业示范园区完成创建阶段工作。

2.5.3 建设阶段（2013—2015 年）

2013 年 4 月 18 日三部委正式复函，同意连云港开发区创建国家生态工业示范园区，标志着连云港开发区创建国家生态工业示范园区工作步入建设阶段。规划通过评审后，连云港开发区管委会将创建国家生态工业园区及其验收工作列入了年度重点工作。连云港开发区将国家生态工业示范园区创建工作纳入干部年度考核目标，明确创建工作中各相关单位责任和任务，重点任务逐一落实到责任人，各项建设工作开展顺利。截至 2014 年年底，连云港开发区的各项指标已经达到《综合类生态工业园区标准》（HJ 274—2009）中要求的 9 项基本条件和 24 项指标。

2.5.4 验收准备阶段（2015 年）

2015 年 3 月连云港开发区召开国家生态工业示范园区创建验收工作启动会。5 月成立开发区国家生态工业示范园区创建验收工作小组。9 月组织完成《连云港经济技术开发区创建国家生态工业示范园区建设规划工作报告》《连云港经济技术开发区创建国家生态工业示范园区建设规划技术报告》《连云港经济技术开发区创建国家生态工业示范园区建设规划回顾性评估报告》《连云港经济技术开发区创建国家生态工业示范园区建设规划重点项目报告》，并递交国家生态工业示范园区领导小组办公室，申请验收。

2.5.5 长效建设阶段（2016 年至今）

2016 年 11 月，连云港开发区获得原环境保护部、商务部、科技部三部委联合批复命名，位列全国第 37 家、苏北第 2 家、全市首家。2020 年 12 月，连云港开发区在生态环境部组织的国家生态工业示范园区复查评估中荣获第一名的优异成绩。通过创建国家生态工业示范园区，连云港开发区绿色发展、科学发展水平全面提升。一是节能减排成效显著。24 项指标均达到或优于国家标准，生态工业链项目数量、主要污染物排放弹性系数、单位工业用地面积、工业增加值等 10 项指标持续改善。二是创新活力不断释放。恒瑞医药跃居全球制药企业 50 强榜单，中复神鹰荣获国家科技进步奖一等奖。获批国家知识产权示范园区，专利授权年均增长 30%以上，获中国专利金奖 4 项。三是环境质量明显改善。已全面消除劣Ⅴ类和黑臭水体，涉及连云港开发区的 4 个国、省考断面水质“优Ⅲ”比例达 100%。2023 年 $PM_{2.5}$ 浓度较 2016 年下降 30.7%，空气优良率较 2016 年提高 18.4%。国家级生态乡镇建成率达 100%，成功获批国家首批清洁生产审核创新试点、江苏省生态环境政策集成改革试点，形成了全民参与、共建共享生态园区的生动局面。

第3章

主导产业的生态化发展

“十一五”时期，连云港开发区发挥后发优势，坚持高端定位、抬高招商起点、加快产业集聚，提出了“以城市总规为引领，以产业布局为指导，以投入强度作控制，以环境标准作限制”的开发理念，确立了“一主导四新型两促进”（以都市临港产业为主导，着力培育新医药、新能源、新材料、新型装备制造“四新”产业，促进现代服务业和出口加工业的发展）的产业导向，重点建设新医药产业园、风电设备制造产业园、中国科学院能源动力研究中心、科技创新服务中心等“五园五中心”，成功获批新材料国家高技术产业基地、国家新能源产业和中小企业科技创新与成果转化示范园、省级清洁能源创新产业园、省级国际服务外包示范区等特色载体品牌。“十二五”时期，连云港开发区成功创建了国家生态工业示范园区，园区主导产业在生态化发展方面迈上了新的台阶；新时期，连云港开发区在生态工业园区发展理念的指导下，主导产业继续朝着绿色、低碳的方向发展，推动产业的转型升级和能级的不断提升。

3.1　主导产业发展政策演变

3.1.1　国家层面相关产业发展政策

（1）新医药产业

“十一五”时期，我国开始提出生物产业、生物医药的概念，并快速形成了长三角、珠三角和环渤海地区 3 个综合性生物医药产业基地。此后，我国中部地区的河南、湖北，西部地区的四川、重庆也展现出良好的产业基础，并在“十二五”时期朝集聚化、特色化方向发展；“十三五”时期，国家将生物医药行业作为国民经济的支柱产业大力发展；“十四五”时期，国家政策重点强化了国家战略科技力量、科技前沿领域攻关等，基因与生物技术被纳入前沿领域范畴，生物医药行业与新一代信息技术行业的融合创新发展持续推进。[13]

《中华人民共和国国民经济和社会发展第十一个五年规划纲要》指出，发挥我国特有的生物资源优势和技术优势，面向健康、农业、环保、能源和材料等领域的重大需求，重点发展生物医药、生物农业、生物能源、生物制造，建设一批重大疾病防治疫苗和基因工程药物产业化示范工程，完善现代中药体系，提高新药创制能力。《中华人民共和国国民经济和社会发展第十二个五年规划纲要》指出，生物产业重点发展生物医药、生物医学工程产品、生物农业、生物制造。《中华人民共和国国民经济和社会发展第十三个五年规划纲要》指出，加快突破新一代信息通信、新能源、新材料、航空航天、生物医药、智能制造等领域的核心技术。《中华人民共和国国民经济和社会发展第十四个五年规划和 2035 年远景目标纲要》指出，聚焦量子信息、光子与微纳电子、网络通信、人工智能、生物医药、现代能源系统等重大创新领域组建一批国家实验室，推动生物技术和信息技术融合创新，加快发展生物医药、生物育种、生物材料、生物能源等产业，做大做强生物经济，培育壮大海洋工程装备、海洋生物医药产业。

此外，我国生物医药行业相关政策不断出台，从行业规范、技术发展、区域规划、准入门槛等各维度进行了政策支持及引导。[13]

2016 年 10 月，中共中央、国务院印发的《“健康中国 2030”规划纲要》指出，完善政产学研用协同创新体系，推动医药创新和转型升级；加快生物医药和大健康产业基地建设，培育健康产业高新技术企业，打造一批医学研究和健康产业创新中心，促进医研企结合，推进医疗机构、科研院所、高等学校和企业等创新主体高效协同。

2022 年 3 月，市场监管总局、工业和信息化部联合发布的《关于推进国家级质量标准实验室建设的指导意见》指出，在高端制造、新材料、信息技术、能源电子、生物医药等领域开展质量共性技术研究，解决技术、质量、标准协同的关键问题。

2022 年 5 月，国家发展改革委印发的《“十四五”生物经济发展规划》指出，顺应“以治病为中心”转向“以健康为中心”的新趋势，发展面向人民生命健康的生物医药，满足人民群众对生命健康更有保障的新期待。围绕生物医药、生物农业、生物制造等规模大、影响广的重点领域，鼓励生物创新企业深耕细分领域，厚植发展优势，培育成为具有全球竞争力的单项冠军。

2022 年 12 月，中共中央、国务院印发的《扩大内需战略规划纲要（2022—2035 年）》指出，加快生物医药、生物农业、生物制造、基因技术应用服务等产业化发展。

（2）新材料产业

“十二五”时期，我国 IT 行业，尤其是消费类电子行业发展迅速，推动了电子化学品原材料需求的增长；“十三五”时期，我国化工新材料着重于空白品种产业化进程发展，提高行业自给率；“十四五”时期，在政策推动下，化工新材料行业进入高质量发展阶段。[14]

《中华人民共和国国民经济和社会发展第十一个五年规划纲要》指出，重点发展特种功能材料、高性能结构材料、纳米材料、复合材料、环保节能材料等产业群，建立和完善新材料创新体系。《中华人民共和国国民经济和社会发展第十二个五年规划纲要》指出，新材料产业重点发展新型功能材料、先进结构材料、高性能纤维及其复合材料、共性基础材料。《中华人民共和国国民经济和社会发展第十三个五年规划纲要》指出，加快突破新一代信息通信、新能源、新材料、航空航天、生物医药、智能制造等领域核心技术。《中华人民共和国国民经济和社会发展第十四个五年规划和 2035 年远景目标纲要》指出，聚焦新一代信息技术、生物技术、新能源、新材料、高端装备、新能源汽车、绿色环保，以及航空航天、海洋装备等战略性新兴产业，加快关键核心技术创新应用，增强要素保障能力，培育壮大产业发展新动能，加快推进基础理论、基础算法、装备材料等研发突破与迭代应用。

2017 年 3 月，工业和信息化部、国家发展改革委、科技部及财政部联合印发的《新材料产业发展指南》指出，要大幅提升新材料的保障能力，不断提高创新能力，基本形成以企业为主体的新材料产业协同创新体系，到 2020 年，建成初步完善的产业体系。其中还明确了先进基础材料、关键战略材料及前沿新材料 3 个发展方向。

2020 年 9 月，国家发展改革委、科技部、工业和信息化部、财政部等四部门联合印发的《关于扩大战略性新兴产业投资　培育壮大新增长点增长极的指导意见》指出，“加快新材料产业强弱项。围绕保障大飞机、微电子制造、深海采矿等重点领域产业链供应链稳定，加快在光刻胶、高纯靶材、高温合金、高性能纤维材料、高强高导耐热材料、耐腐蚀材料、大尺寸硅片、电子封装材料等领域实现突破”。

（3）新能源产业

“九五”至“十四五”时期，我国对新能源行业的支持政策经历了从“开发出具有自主知识产权的技术”到“大力发展”再到“加快壮大”的变化：“九五”时期，提倡开发具有自主知识产权的技术；“十五”时期，提倡因地制宜发展新能源；“十一五”至“十二五”时期，规划明确了要大力发展新能源产业；“十三五”时期，明确了加快突破新能源领域核心技术的发展方针；“十四五”时期，加快壮大新能源产业成为新的发展方向。[15]

《中华人民共和国国民经济和社会发展第十二个五年规划纲要》指出，新能源产业重点发展新一代核能、太阳能热利用和光伏光热发电、风电技术装备、智能电网、生物质能。《中华人民共和国国民经济和社会发展第十三个五年规划纲要》指出，加快突破新一代信息通信、新能源、新材料、航空航天、生物医药、智能制造等领域核心技术。

《中华人民共和国国民经济和社会发展第十四个五年规划和2035年远景目标纲要》指出，聚焦新一代信息技术、生物技术、新能源、新材料、高端装备、新能源汽车、绿色环保以及航空航天、海洋装备等战略性新兴产业，加快关键核心技术创新应用。

为了促进新能源的发展，国务院办公厅特别发布了《能源发展战略行动计划（2014—2020 年）》，规定了煤炭逐年降低的消费量，对天然气的消费比重进行了明确规定，还要求不仅要安全发展核电，更要发展太阳能、风电、地热等可再生能源。

2016 年 12 月，国家发展改革委印发了《可再生能源发展“十三五”规划》（以下简称《规划》），涉及水能、风能、太阳能、生物质能、地热能和海洋能，明确了 2016—2020 年我国可再生能源发展的指导思想、基本原则、发展目标、主要任务、优化资源配置、创新发展方式、完善产业体系及保障措施。《规划》指出，“十三五”时期，要通过不断完善可再生能源扶持政策，创新可再生能源发展方式，优化发展布局，加快促进可再生能源技术进步和成本降低，进一步扩大可再生能源应用规模，提高可再生能源在能源消费中的比重，推动我国能源结构优化升级。

2020 年 7 月，国家能源局综合司印发了《关于开展跨省跨区电力交易与市场秩序专项监管工作的通知》，推动解决厂网之间的突出问题，维护良好的市场秩序，保障市场主体合法权益，进一步扩大清洁能源消纳空间，实现资源在更大范围优化配置。

2021 年 7 月，国家发展改革委办公厅和国家能源局综合司共同发布了《关于做好新能源配套送出工程投资建设有关事项的通知》（以下简称《通知》），指出，在碳达峰、碳中和目标背景下，风电、光伏发电装机将快速增长，并网消纳成为越来越重要的条件。为更好地推动我国能源转型，满足新能源快速增长需求，避免风电、光伏发电等电源送出工程成为制约新能源发展的因素。《通知》要求各地和有关企业要高度重视新能源配套工程建设，采取切实行动，尽快解决并网消纳矛盾，满足快速增长的需求。

2022 年 1 月，国家发展改革委和国家能源局联合印发了《“十四五”现代能源体系规划》，推动实现能源保障更加安全有力，能源低碳转型成效显著，能源系统效率大幅提高，创新发展能力显著增强及普遍服务水平持续提升。

2022 年 5 月，国家发展改革委和国家能源局联合印发了《关于促进新时代新能源高质量发展的实施方案》（以下简称《实施方案》）。《实施方案》指出，促进新能源开发利用与乡村振兴融合发展，推动新能源在工业和建筑领域的应用，引导全社会消费新能源等绿色电力。《实施方案》从提升技术创新能力、保障产业链供应链安全、提高国际化水平等方面支持引导新能源产业健康有序发展。同年 6 月，国家发展改革委等九部委联合印发了《“十四五”可再生能源规划》，提出要促进可再生能源大规模、高比例、市场化、高质量发展，有效支撑清洁低碳、安全高效的能源体系建设。

（4）装备制造产业

装备制造业是指生产制造高技术、高附加值的先进工业设施设备的行业，是处于价值链高端和产业链核心环节，决定整个产业链综合竞争力的战略性新兴产业，装备制造业也是国家实力和综合国力的重要体现。

《中华人民共和国国民经济和社会发展第十一个五年规划纲要》指出，要振兴装备制造业，包括振兴重大技术装备、提升汽车工业水平和壮大船舶工业实力 3 个方面。《中华人民共和国国民经济和社会发展第十二个五年规划纲要》指出，装备制造行业要提高基础工艺、基础材料、基础元器件研发和系统集成水平，加强重大技术成套装备研发和产业化，推动装备产品智能化。《中华人民共和国国民经济和社会发展第十三个五年规划纲要》指出，以钢铁、有色金属、建材、铁路、电力、化工、轻纺、汽车、通信、工程机械、航空航天、船舶和海洋工程等为重点，采用境外投资、工程承包、技术合作、装备出口等方式，开展国际产能和装备制造合作，推动装备、技术、标准、服务“走出去”。《中华人民共和国国民经济和社会发展第十四个五年规划和 2035 年远景目标纲要》指出，推进制造业补链强链，强化资源、技术、装备支撑。

2015 年 8 月，国务院印发了《中国制造 2025》，明确提出要大力发展高端装备制造业，加强国家高端装备制造产业创新中心建设，促进高端装备自主研发和产业化。

2016 年 8 月，质检总局、国家标准委、工业和信息化部联合印发了《装备制造业标准化和质量提升规划》，以落实《中国制造 2025》的部署和要求，切实发挥标准化和质量工作对装备制造业的引领和支撑作用，推进结构性改革尤其是供给侧结构性改革，促进产品产业迈向中高端，建设制造强国、质量强国。

2021 年 11 月，工业和信息化部印发了《“十四五”信息化和工业化深度融合发展规划》，提出要推动两化深度融合，加快新一代信息技术在制造业的深度融合，建立多级联动的国家工业基础大数据库和原材料、装备制造、消费品、电子信息等行业数据库，推动原材料、装备制造、消费品、电子信息、绿色制造、安全生产等重点行业领域加快数字化转型。

3.1.2 省市层面相关产业发展政策

（1）新医药产业

江苏省将生物医药产业列入了十大战略性新兴产业和十三个先进制造业集群重点培育，推动了生物医药产业的快速、健康发展。10余年来，江苏省先后发布了《江苏省生物技术和新医药产业规划纲要（2009—2012年）》（2010年4月）、《关于加快推进江苏省生物技术和新医药产业发展的意见》（2010年12月）、《省政府关于推动生物医药产业高质量发展的意见（2018—2020年）》（2018年12月）、《关于促进全省生物医药产业高质量发展的若干政策措施》（2021年9月）、《关于优化审评审批服务推动创新药械使用促进医药产业高质量发展行动方案（2022—2024年）》（2022年1月）等生物医药产业专项规划和政策文件，覆盖生物医药全产业链，持续推动江苏省生物医药产业高质量发展再上新台阶。

2016年11月，江苏省人民政府办公厅印发了《江苏省“十三五”战略性新兴产业发展规划》，指出要重点突破生物技术药关键技术，加快现代基因工程药物、抗体药物、新型疫苗等关键技术集成开发和新产品研制，着力构建生物医药产业新体系。

2018年12月，江苏省人民政府印发了《省政府关于推动生物医药产业高质量发展的意见》，提出主要目标：到2020年，全省生物医药产业产值超6 000亿元。产业结构进一步优化，创新药物和高端医疗器械产值规模占比显著提高，转型升级效果明显。生物药和现代中药创新发展跨上新台阶，小分子药物、医疗器械等子行业规模保持全国第一。

2021年9月，江苏省人民政府印发了《关于促进全省生物医药产业高质量发展的若干政策措施》，从提升原始创新和关键核心技术攻关能力、优化药品医疗器械审评审批服务、提高产业链供应链稳定性和竞争力、加快医药创新产品的应用推广、打造生物医药创新人才高地及构建生物医药产业发展良好生态6个方面提出了29条政策措施。

2023年2月，江苏省药品监督管理局印发了《关于深化“面对面”对接服务推动生物医药领域经济运行率先整体好转的若干政策措施》，提出14条红利性政策，助力医药产业经济加快复苏。2023年江苏持续减免药品领域涉企收费，对一般医疗器械企业产品检验收费减免5%，对小微医疗器械企业产品检验收费减免10%。

2023年8月，江苏省委、省政府印发了《关于促进经济持续回升向好的若干政策措施》，指出在培育壮大新增长点上，主要聚焦支持生物医药、海洋经济和平台经济3个重点产业发展。2023 年 11 月，连云港市人民政府办公室印发了《连云港市医药产业强链补链延链三年行动计划（2023—2025 年）》，提出要全力打造长三角生物医药产业地标城市，加快培育世界级生物医药集群。

（2）新材料产业

2016 年 11 月，江苏省人民政府办公厅印发了《江苏省“十三五”战略性新兴产业发展规划》，指出以突破前沿技术和培育高端产品为主攻方向，着力推动先进基础材料产业转型升级，扩大国内外市场占有率，重点突破关键战略材料的产业化和规模应用，积极开展前沿新材料的研发和提升产业化应用水平，打造一批国际先进、具有品牌效应和地区特色的产业集群，促进江苏省从新材料产业大省向强省的跨越。

2021 年 2 月，江苏省人民政府印发了《江苏省国民经济和社会发展第十四个五年规划和二〇三五年远景目标纲要》，指出要积极发展新一代信息技术、新材料、节能环保、新能源、新能源汽车等产业，强化技术攻关、试点示范和场景应用，加快技术迭代和产业升级，大力推动产业化规模化，努力成为主导经济发展的新引擎。

2021 年 9 月，江苏省人民政府办公厅印发了《江苏省“十四五”科技创新规划》，指出要立足新材料先进性、支撑性和多样性特点，准确把握极端化、智能化、多功能化发展趋势，以突破前沿技术和培育高端产品为主攻方向，前瞻部署微纳调控与智能材料、材料基因工程、材料素化等前沿技术，集成突破高性能合金材料、第三代半导体材料、纳米新材料、高端电子材料等关键技术，加快发展先进钢铁材料、先进膜材料、先进石化材料、先进能源材料、先进纺织材料、生物医用材料等共性技术，不断增强新材料产业全链条创新能力。

2022 年 2 月，连云港市印发的《连云港市“十四五”新材料产业发展规划》指出，围绕构建“1”高、“2”先、“3”新+X（“1”高即高性能纤维及复合材料，“2”先即先进石化材料、先进无机非金属材料，“3”新即新一代电子信息材料、新型能源材料、海洋新材料，X 即生物医用材料、稀土功能材料等其他新材料）的新材料产业体系，实施关键核心技术攻关、卓越产业链锻造、区域产业优势厚植 3 大工程，并以企业、人才、平台、产品、成果、知识产权、金融 7 大行动为支撑，着力推动优势产业高端化、新兴产业规模化、前瞻技术产业化，打造创新能力强、产业规模大、国内领先的新材料产业基地。

（3）新能源产业

2016 年 11 月，江苏省人民政府办公厅印发了《江苏省“十三五”战略性新兴产业发展规划》，指出要围绕能源生产和消费变革，巩固和提升在风电、光伏、智能电网等领域形成的优势，开发大规模储能、分布式能源系统集成、新一代光伏、新型电力网络等产业核心技术，提升新能源产品经济性和消费比重，增强新能源产业国际竞争力。重点发展先进太阳能利用、风力发电、生物质能、核电关联等产业，打造国内领先、世界一流的新能源产业研发、制造与应用示范基地。

2021 年 2 月，江苏省人民政府印发了《江苏省国民经济和社会发展第十四个五年规划和二〇三五年远景目标纲要》，指出要加快打造工程机械、生物医药、电子信息、风电装备、绿色食品、纺织服装等特色产业集群，培育发展高端装备、节能环保、新材料、新能源等战略性新兴产业。

2021 年 9 月，江苏省人民政府办公厅印发了《江苏省“十四五”科技创新规划》，指出要准确把握能源领域技术发展和演进态势，瞄准绿色低碳方向，突出基础性、前沿性、交叉性，巩固和提升江苏省在风电、光伏、智能电网等领域形成的技术优势，开发大规模储能、分布式能源系统集成、新一代光伏、新型电力网络等产业核心技术，发展新型高效率风能利用、先进生物质能、第四代核电关键零部件及控制系统、先进储能系统等关键技术，加强新能源汽车关键技术研发，提高新能源产品经济性和消费比重，加快提升江苏省新能源产业创新水平和国际竞争力。

2022 年 6 月，江苏省发展改革委印发的《江苏省“十四五”可再生能源发展专项规划》，涵盖了风能、太阳能、生物质能和水能（含抽水蓄能）等领域，阐述了“十四五”时期全省可再生能源发展的指导思想、基本原则、发展目标、重点任务和保障措施。在风电方面，形成涵盖风电整机和电机、叶片、齿轮箱、电控等关键零部件的完整产业链；在光伏发电方面，省内硅片、晶硅电池及晶硅组件等产量约占全国总产量的 40%，形成“世界光伏看中国，中国光伏看江苏”的名片。

（4）装备制造产业

2016 年 11 月，江苏省人民政府办公厅印发了《江苏省“十三五”战略性新兴产业发展规划》，指出要围绕智能成套系统、智能机器人、增材制造、高端数控机床、新一代轨道交通和高端专用装备等重点领域，发展网络化、数字化、智能化、高附加值、高效能的制造技术，增强装备供给保障能力和产业核心竞争力，实现由装备制造大省向装备制造强省转变。

2021 年 9 月，江苏省人民政府办公厅印发了《江苏省“十四五”科技创新规划》，指出要加快发展高端装备与高性能制造、工业软件与智能工厂、增材制造与激光制造、数控系统与智能制造装备等关键技术，以高端、智能、绿色为主攻方向，推进重大装备与系统的技术攻关、工程应用和产业化。

2023 年 8 月，连云港市印发的《关于推进装备制造产业高质量发展的实施意见》明确指出，连云港市装备制造业以项目建设为抓手，以“智能化、绿色化、服务化、高端化、集群化”为主攻方向，积极推进装备制造产业强链、补链、延链，稳步扩大产业规模，提升产业创新能力，高水平打造具有连云港特色、国内领先的装备制造产业集群。

3.2　连云港经济技术开发区主导产业生态化发展历程

通过开展生态工业园区的创建工作，连云港开发区主导产业优势逐步凸显，涌现出了一批龙头企业，产业间生态链网逐步构建。与创建初期的 2011 年相比，生命健康、新能源、新材料仍是园区的主导产业。以益海粮油为代表的传统产业在生产原料和产品种类上没有显著变化，但企业的水资源循环利用率、能源利用率得到了提升。汽车零配件产业依托启创铝制品等大项目的建成，形成了高端装备制造产业新的产业集群。现代服务业、高端电子产业在近几年得到快速发展，成为连云港开发区新的增长点。依托晨兴环保、鑫能污泥、连云港金驰生物科技有限公司（简称金驰生物）等生活垃圾和市政固体废物综合利用企业，开发区集中供热、污泥能源回收、餐厨垃圾资源化等也成为开发区生态工业系统的重要组成部分。2014 年，连云港开发区实现地区生产总值 480.1 亿元，规模以上工业总产值 1 469 亿元，均较 2010 年增长了 1.4 倍，规模以上工业增加值 373 亿元，同比增长了 17%。开发区有 20 多家世界 500 强企业投资兴业，形成企业产值超百亿元 1 家、超 50 亿元 11 家，12 家企业进入全市产值 20 强。建成了全国最大的抗肿瘤药、新型抗肝炎药生产基地及亚洲最大的风电装备生产基地。全区高新技术产业产值占规模以上工业总产值的 66.68%，高于全省 27.3 个百分点。在省商务厅公布的全省开发区科学发展综合排名中位居“第一板块”。2014 年，开发区主要产业和行业龙头企业的物质代谢关系如图 3-1 所示。

之后，连云港开发区根据生态工业园区建设和经济发展协调并进的要求，充分发挥资源优势，坚持高端引领、集群发展。至生态工业园区复查时，连云港开发区已形成以战略性新兴医药、新能源、新材料和先进装备制造业为主导的“三新一高”产业，以现代服务业为支撑构建了现代绿色产业体系。重点培育了新一代生物技术药、中药、小分子药物和医疗器械、医疗器材等新型医药行业；发展了风力发电装备制造及其相关配套产业；初步形成了先进装备制造业、新材料产业的龙头企业，现代服务业、科技研发、软件和信息服务稳步提升，形成了独具开发区特色的战略新兴产业集群。2019 年，连云港开发区全年地区生产总值增长了 9%，工业增加值增长了 9.39%，高新技术产业投资增长了 15%，呈现“稳中向好”的态势。2019 年连云港开发区产业间物质流动关系如图 3-2 所示。

3.2.1 新医药产业生态化发展

医药行业素有“中国医药创新看江苏，江苏医药创新看连云港”的说法。连云港的医药产业主要集中在开发区。2010 年，连云港开发区新医药行业主要包括生物技术药、中药、小分子药物和医疗器械、生物试剂、医用材料等，实现工业总产值 113.40 亿元，工业增加值 50.94 亿元，占开发区工业总产值的 18.90%。

通过开展清洁生产与污染控制改造和生态工业系统设计，连云港开发区谋划并实施了 20 个重点项目。其中，清洁生产与污染控制改造从产品生产规模、原料路线的选择、原料的综合利用、清洁生产工艺的开发、工艺过程的闭路循环、废弃物的资源化、生物技术的采用、产品的更新及产业链构建、加强管理 9 个方面进行考虑；生态工业系统设计从研发系统、药品制造系统和产品服务系统等角度着手。通过上述项目的实施，2014 年，连云港开发区的新医药产业拓展为生命健康行业，所涉及范围也拓展到生命健康制造业和生命健康服务业。其中，生命健康制造业主要包括生物技术产品、生物医药、医疗器械、营养保健产品、健身器械和康复设备等，生命健康服务业主要包括医疗服务、健康管理、康复照护、养生保健、休闲健身等。恒瑞、豪森、康缘、正大天晴、中金、德源等骨干企业创新能力位居全国前列。在产业内部和行业之间形成了技术研发、产品生产、医疗服务、生产服务的全产业链，康缘药业建立了全国首个中药数字化提取车间，并被列入了中国智能制造名录，其在中药科学化、精准化生产及节能减排方面的示范效应引发国内外广泛关注；中国药科大学连云港研究院、淮海工学院药学院等研发机构的建设，提升了产业链前端研发能力。在产业链后端，通过大数据中心、老龄大健康产业园的建设加强了医疗服务业的发展。2014 年连云港开发区生命健康行业产业链如图 3-3 所示。

生态工业园区创建成功后，连云港开发区在区党工委、管委会的领导下，将国家生态工业示范园区的建设摆在日常工作最突出的位置，依据《连云港经济技术开发区国家生态工业示范园区建设规划》《国家生态工业示范园区标准》《国家生态工业示范园区管

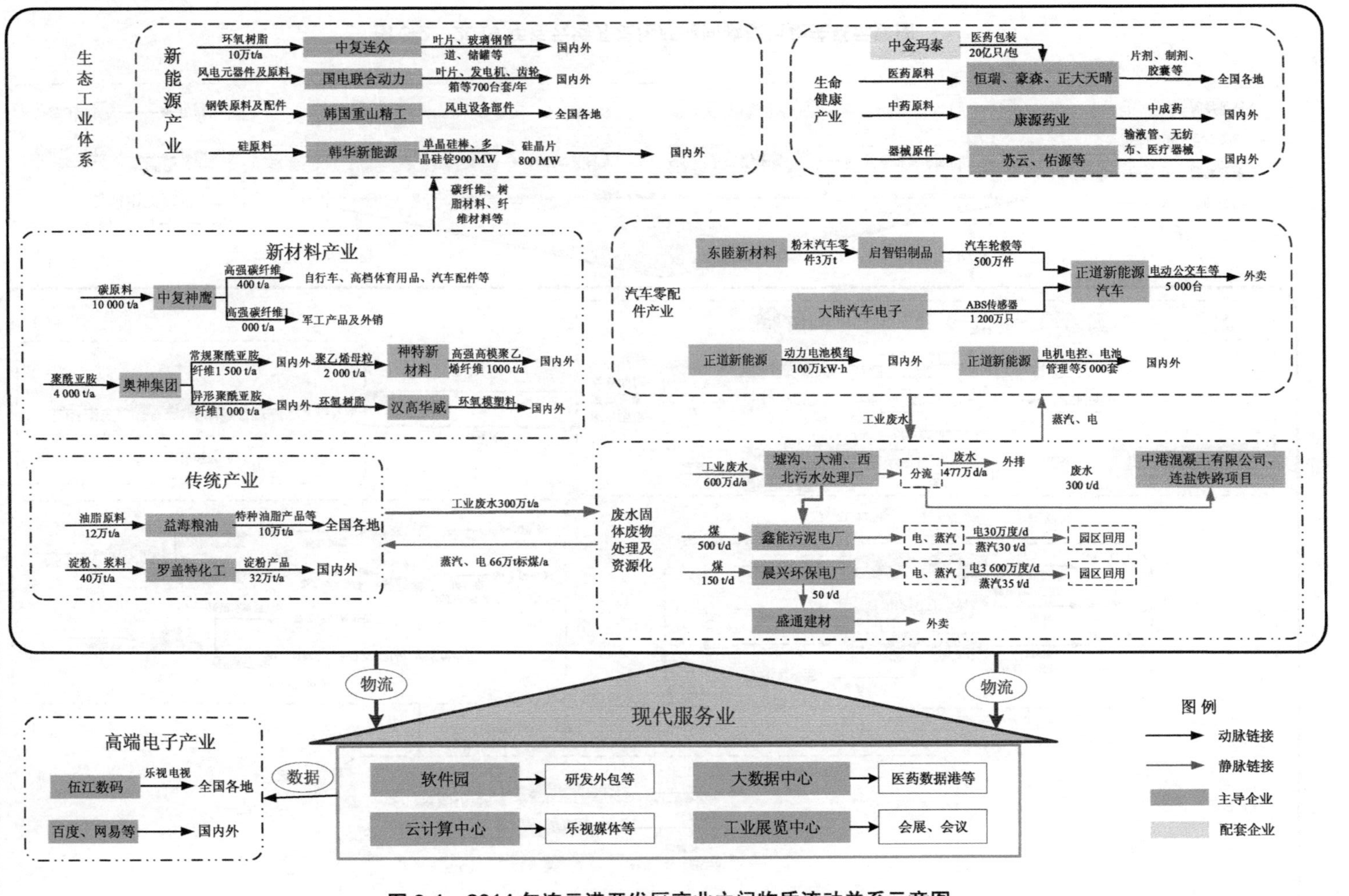

图 3-1　2014 年连云港开发区产业之间物质流动关系示意图

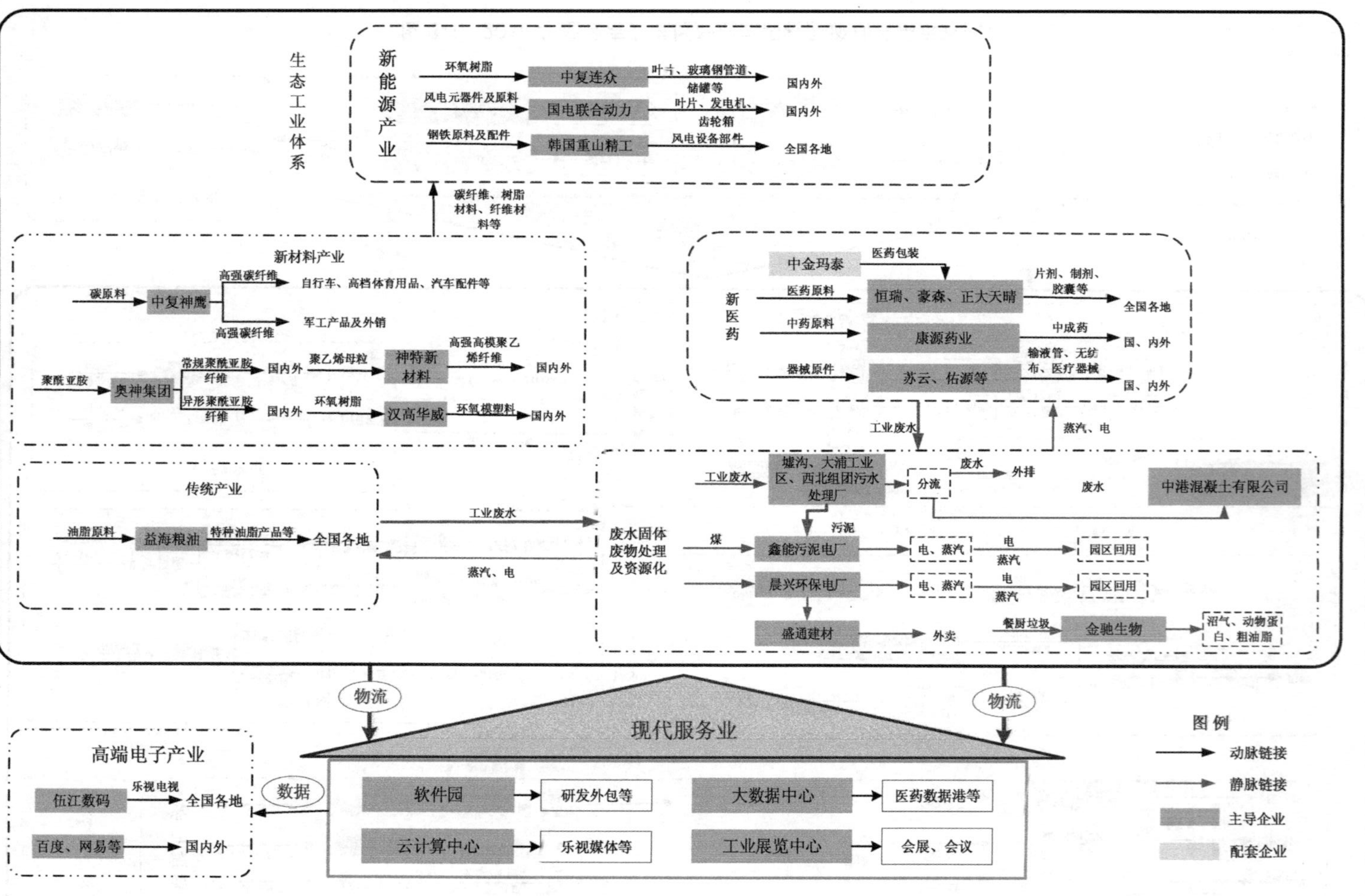

图 3-2　2019 年连云港开发区产业间物质流动关系示意图

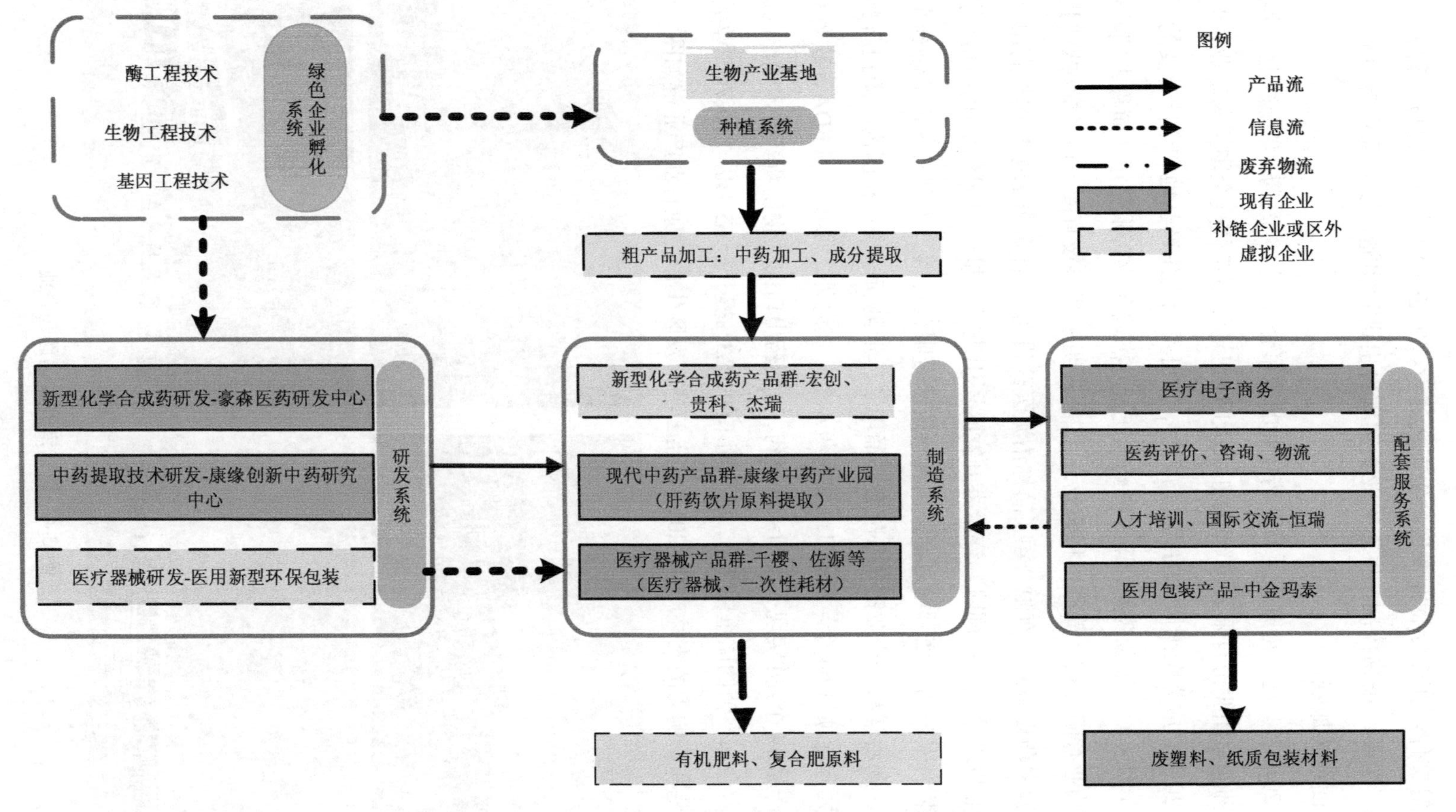

图 3-3　2014 年连云港开发区生命健康行业产业链

理办法》等文件，在主导行业发展、生态化建设、生态工业链网构建与完善、资源能源循环利用、主要污染物控制、生态工业关键项目引进和实施，以及园区管理保障机制的完善等方面继续加强。

截至2019年，连云港开发区新医药行业的领军企业，恒瑞医药、豪森药业、康缘药业、正大天晴药业集团股份有限公司（简称正大天晴）已连续多年位列全国医药工业企业40强、创新能力20强，成为全国最大的抗肿瘤药物、抗肝炎药物生产基地和全国重要的现代中药生产基地（图3-4）；德源药业、诺泰制药、连云港杰瑞药业有限公司（简称杰瑞药业）、连云港贵科药业有限公司（简称贵科药业）、江苏暨明医药科技有限公司（简称暨明医药）、连云港佑源医药设备制造有限公司（简称佑源医药设备）、江苏苏云医疗器材有限公司等第二梯队企业也迅速壮大；同时，连云港开发区还引进了一批产业配套企业，如江苏中金玛泰医药包装有限公司、连云港万泰医药辅料技术有限公司等，为开发区内的制药企业提供药用包装、药用辅料等产业链核心配套；涌现了一批创新成果：在国内，承担新药创制国家科技重大专项项目64个，获批1.1类新药4个；在海外，通过美国FDA、欧盟GMP等质量认证产品34个，并实现了我国从原料药、仿制药出口向生物创新药技术输出的新突破；医药产值占全部产值的比重由“十二五”期末的25.3%提升至65.3%，新医药产业成为开发区最具特色和影响力的支柱产业。2019年连云港开发区生命健康行业产业链如图3-5所示。

图3-4　连云港开发区医药企业

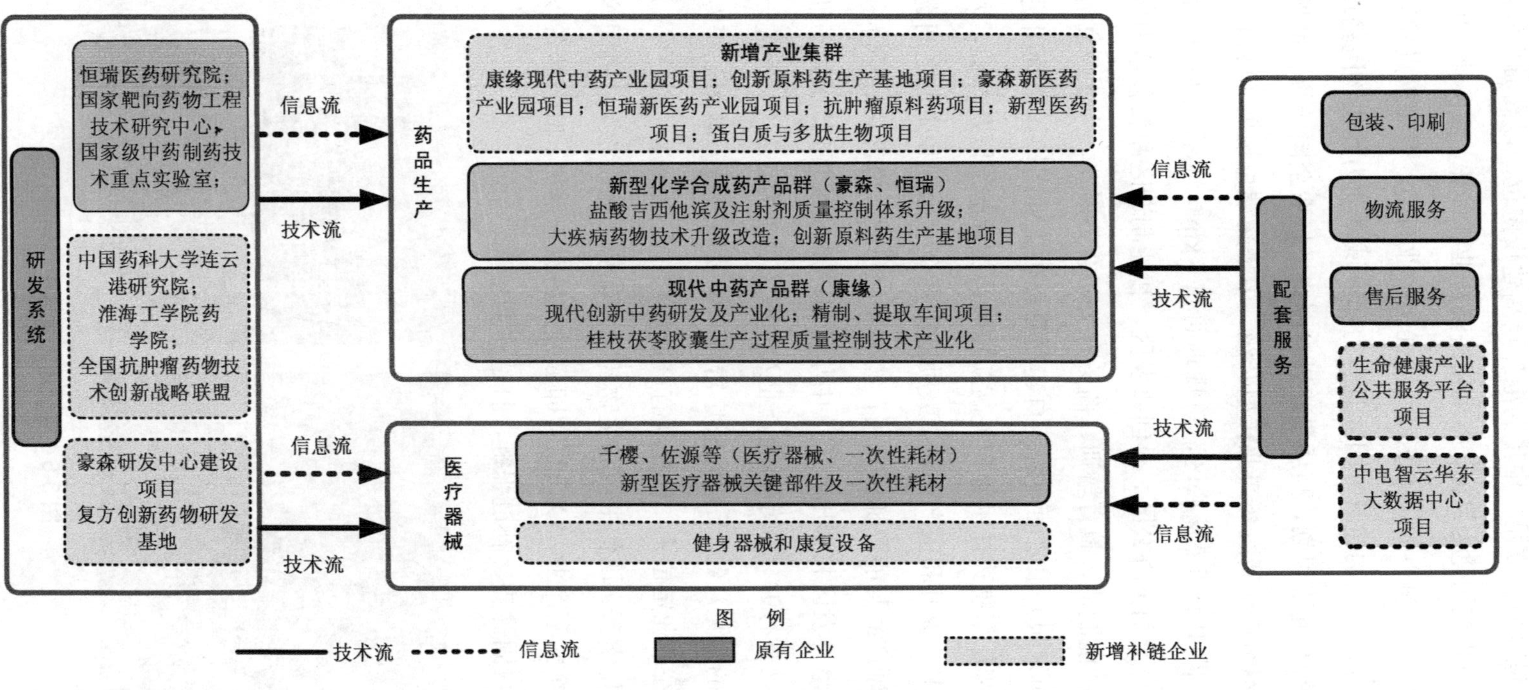

图 3-5　2019 年连云港开发区生命健康行业产业链

2018 年连云港开发区立足“中华药港”高端建设定位，以高质量发展为根本要求，以满足新医药全产业链构建为目标，推动新医药产业智能化、服务化、生态化、高端化、集聚化、国际化发展（图 3-6）。通过进一步优化产业布局、聚焦重点发展方向、加强平台载体支撑作用等，全面构建具有国际竞争力和区域带动力的生物医药现代产业体系。连云港开发区坚持高起点谋划、高质量建设，围绕“打造全国一流、世界知名的中华药港”总体定位，不断推动新医药产业转型升级。中华药港总规划 30 km^2，具体为“一区两园”。“一区”，即中华药港核心区，总规划面积 6 km^2，总投资 90 亿元，总建筑面积 150 万 m^2，主要分为商务办公区、科创研发区、智能制造区和教育培训区，布局创新研发、孵化加速、智能制造、教育培训、商务办公、会务展览、人才公寓等功能，“两园”（中华药港西园和东园）主要面向购地自建项目提供工业用地。鼓励引进和发展以生物制药、海洋医药和新型制药技术等相关高新技术为支撑的新医药产业，大力促进制药产业的结构调整、工艺提升和生产创新。鼓励新医药企业内部和企业之间选择清洁原辅材料和先进工艺、副产品与能源梯级利用，废弃物减量化、资源化、循环利用。通过深化制度改革，连云港开发区相继出台了《中华药港产业发展规划》《关于推进中华药港高质量发展的意见（试行）》《中华药港企业入驻服务管理办法》《关于进一步促进生物医药产业发展政策的意见》《关于扶持医疗器械产业发展的若干政策》等专项政策以扶持入区药企发展。在产业定位上，依托现有产业基础，重点构建“3+2+X”产业体系，“3”业体即巩固发展化学药、现代中药和生物药三大优势产业；“2”是巩固培育发展药用包材和药用辅料两个配套产业；“X”培育即鼓励扶持医疗器械、制药装备以及其他大健康特色产业，实现巩固优势、补链强链，打造产业集群。

图 3-6　连云港开发区中华药港

3.2.2　新材料产业生态化发展

2010 年，连云港开发区作为“新材料产业国家高技术产业基地”之一，在高纯石英材料、极大规模集成电路用环氧模塑封材料、单晶硅等领域优势突出，碳纤维达到国际水平。新材料产业实现工业总产值 145.80 亿元，工业增加值 16.83 亿元，占连云港开发区工业总产值的 24.30%。

创建生态工业园区时期，连云港开发区积极开展清洁生产与污染控制改造和生态工业系统设计，其中，清洁生产与污染控制改造从鼓励行业开展清洁生产审核和 ISO 14000 系列认证、推动废物优先回收利用、加大落后工艺和设备的升级改造力度等方面考虑；生态工业系统设计从鼓励科技研发、完善配套设施、推动复合材料集聚发展等角度考虑，谋划并实施了 8 个重点项目。重点发展碳纤维、纳米材料、多晶硅等国家鼓励的项目。通过新材料产业发展，一方面，可以向前延伸产业链，为现有产业发展提供原材料，加强产业间的耦合，提高产业抗风险能力；另一方面，可以通过新材料培育后续新兴产业，通过原料带动后续产业的发展。2014 年连云港开发区新材料行业产业生态链如图 3-7 所示。

同时，连云港开发区拥有国家高性能纤维和复合材料高新技术产业化基地、江苏省高性能纤维产品质量监督检验中心、江苏高新技术创业中心、江苏省集成电路封装材料工程技术中心、江苏省树脂复合材料工程技术研究中心、江苏省新型复合包装材料工程技术研究中心、国家级新材料博士后工作站、国家“863”计划成果产业化基地等一批科研载体，推动了新材料产业的发展。2014 年，连云港开发区先进材料产业实现产值 91.1 亿元，同比增长了 15%，占全区工业总产值的 8%。

连云港开发区继续贯彻生态工业的理念，积极推行清洁生产，大力发展循环经济，推进生态链设计。截至 2019 年，连云港开发区形成了高性能纤维材料、硅材料、电子信息材料、复合材料等产业集群，拥有中复神鹰、奥神新材料、江苏华海诚科新材料股份有限公司、中复碳芯电缆科技有限公司、杜钟氨纶等新材料企业近 70 家，在行业内具有较大影响力，是全国最大的环氧模塑料生产基地和最大的碳纤维研发生产基地（图 3-8）。以各龙头企业为核心，辐射带动了上下游产业的发展。2019 年连云港开发区新材料行业产业链如图 3-9 所示。

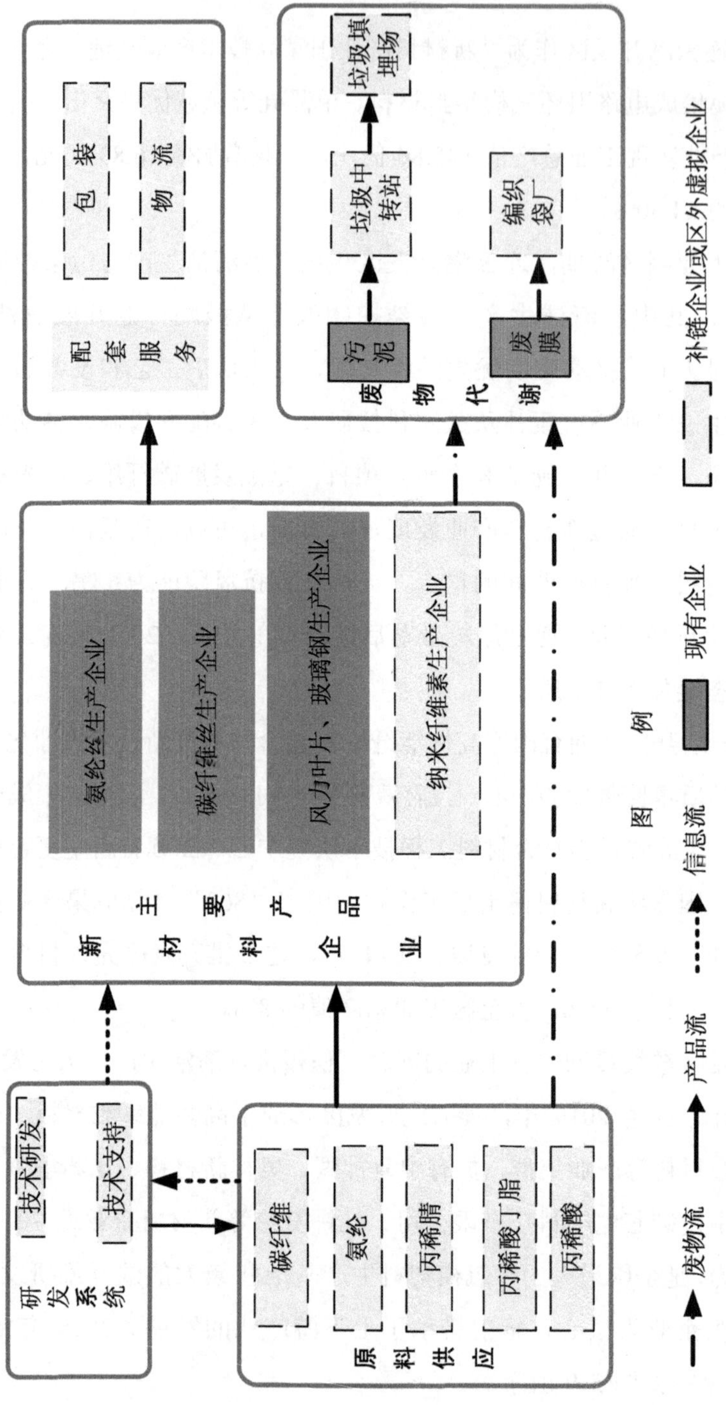

图 3-7　2014 年连云港开发区新材料行业产业生态链

国内最大的军民两用万吨级碳纤维生产基地——中复神鹰

先进材料聚酰亚胺纤维规模化生产线——奥神新材料

国内差别化氨纶纤维的领导者及品种规格最齐全的氨纶丝生产基地——杜钟氨纶

图 3-8　连云港开发区的新材料产品

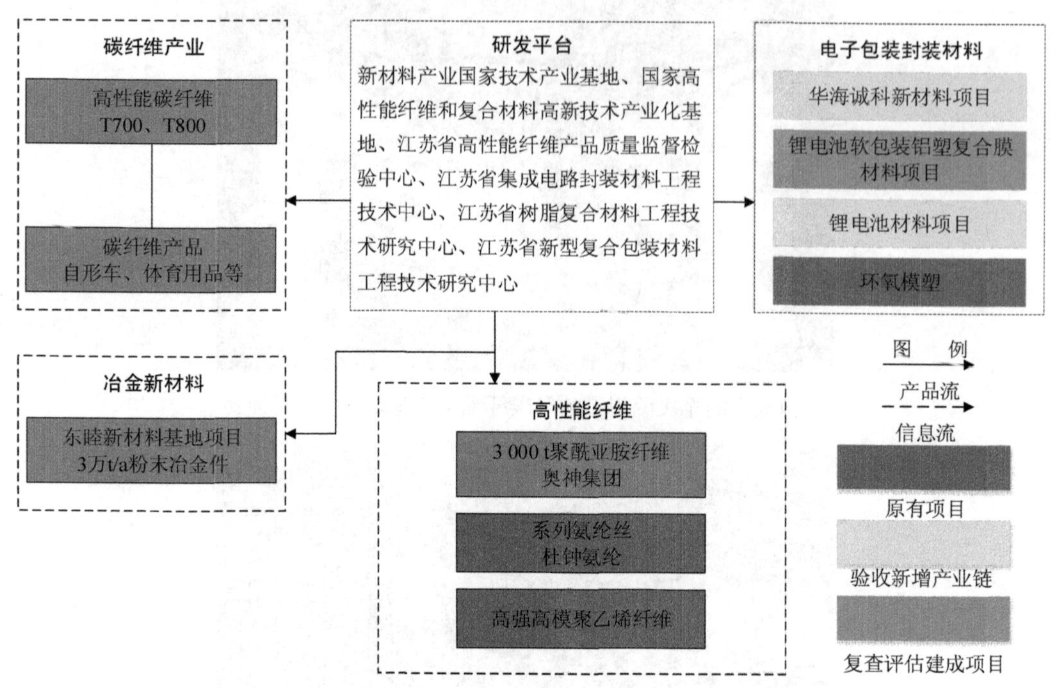

图 3-9　2019 年连云港开发区新材料行业产业链

结合当前产业和环境保护的新要求，连云港开发区的新材料产业紧扣连云港市“十四五”规划提出的“建设国内领先材料产业基地”的目标定位，立足开发区新材料工业基础，实施了一批产业化重大项目，培育了一批龙头企业，加快推进了新材料的集群式发展和规模化应用，将新材料产业培育成为全区经济发展的新增长极，将开发区打造成为国际知名、全国领先的“中华材料港”。

3.2.3　新能源产业生态化发展

连云港开发区的新能源产业园区是江苏省首批十大创新园区之一。2010 年，连云港开发区的新能源产业工业总产值为 78.5 亿元，工业增加值为 12.77 亿元，占连云港开发区工业总产值的 13.08%。之后，连云港开发区通过从选择清洁材料、改进加工工艺、污染预防与控制等方面开展清洁生产与污染控制改造；建设以中国科学院能源动力研究中心为龙头的清洁能源创新产业园区、国家新能源产业和中小企业科技创新与成果转化示范园区和日本生态科技产业园区 3 个产业园，在拉长风电装备产业链和光伏产业链 2

条产业链方面开展产品代谢链设计，谋划实施了 7 项重点项目，重点发展了新能源汽车、太阳能电池组件、LED 电源等国家鼓励的项目。太阳能电池项目将以太阳能电池组件生产为主，对于能耗高、污染物排放高的原料生产项目严禁新建。

2014 年，连云港开发区全面形成了核能、风能、太阳能和生物质能利用稳步推进的产业发展格局，光伏、光热利用产业集群也发展迅速。在风能领域，虽然企业间没有直接的产品代谢关系，但覆盖全产业链的产品生产及其配套的生产性服务业和研发设计平台共同形成了综合完善的产业集群。其人才、技术外溢效果显著，无形中推动了产业高速发展。2014 年连云港开发区新能源行业产业链如图 3-10 所示。

连云港开发区的风力发电产业已形成从发电机、风叶、塔架到控制系统的完整制造产业链，产业基础较好。连云港开发区拥有亚洲最大的风电叶片制造商——中复连众公司，以及国电联合动力、韩国重山精工、江苏韩华新能源等骨干企业，在国内同行业中处于技术和规模领先地位。连云港开发区还有国家新能源产业和中小企业科技创新与成果转化示范园区、机光电产业园、风力叶片检测中心、国家级企业技术中心等载体和平台。国电联合动力成功研发了国内目前单机功率最大的 6 MW 风电机组，中复连众自主研发的 75 m、6 MW 风机叶片成功下线，使我国风电叶片设计和制造技术达到国际先进水平。

连云港韩华新能源科技有限公司是世界知名的全产业链光伏企业，主要产品是太阳能电池用单晶硅棒、多晶硅锭及硅片。规划期内，公司新建光伏项目形成铸锭 900 MW、切片 800 MW 的年产能。中国科学院能源动力研究中心是园区的核心研发基地，是由江苏省、中国科学院共建的院、省级研究中心，承担了国家“863”计划能源领域唯二的重大科研项目，建成了我国自主发展整体煤气化联合循环发电（IGCC）的知识创新源头、重大关键技术、工程技术服务输出地，是世界一流的能源研究机构。这些研究平台有力支撑了连云港开发区新能源产业的发展。

在生态工业园区标准和相关要求下，连云港开发区继续推进园区的生态化建设和产业的高质量发展，2019 年，连云港开发区的新能源产业园区成为江苏省首批十大创新园区之一，并全面形成了风能、光伏稳步推进的产业发展格局，相关产业集群也发展迅速。2019 年连云港开发区新能源行业产业链如图 3-11 所示。

在碳达峰、碳中和背景下，继续稳步推进新能源产业，同时积极培育新业态，助力连云港开发区高质量发展。

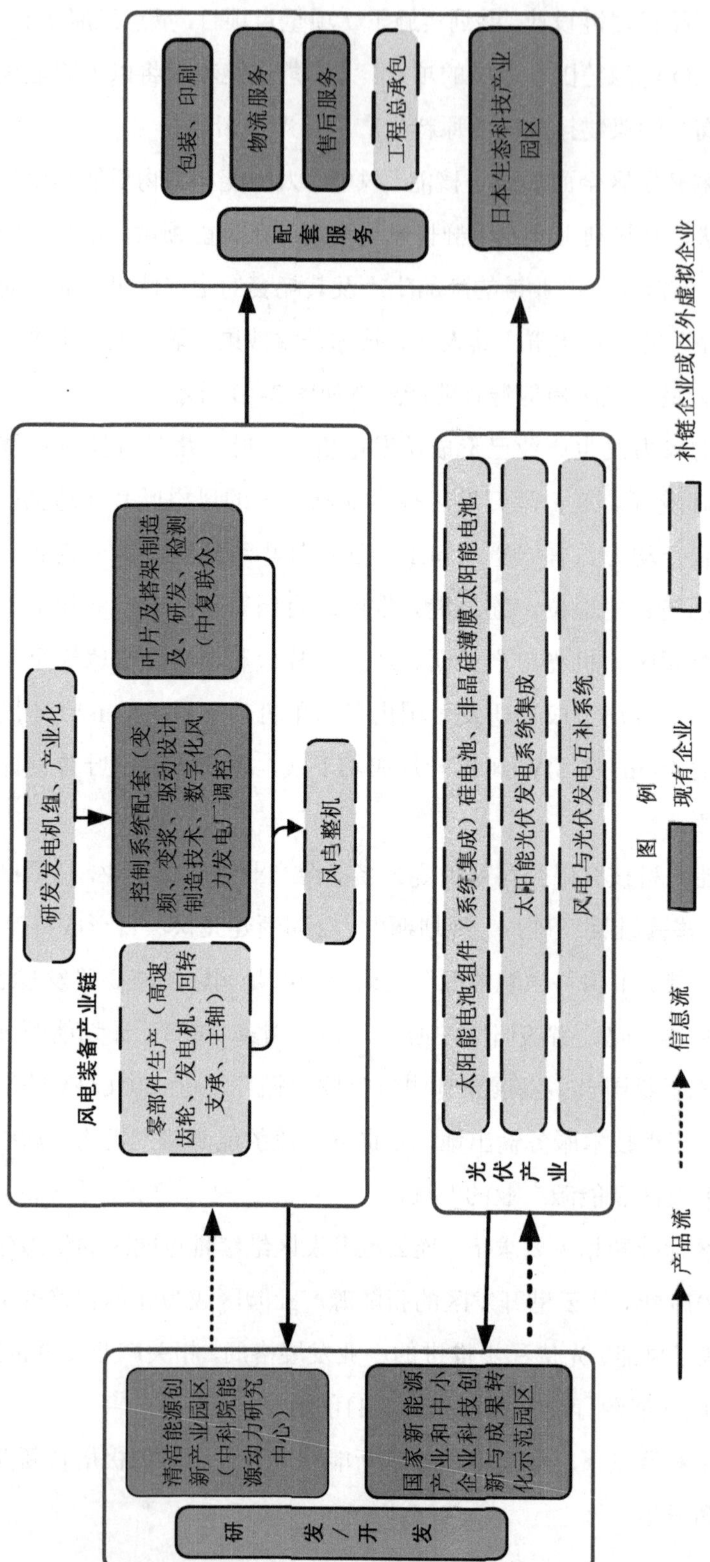

图 3-10 2014 年连云港开发区新能源行业产业链

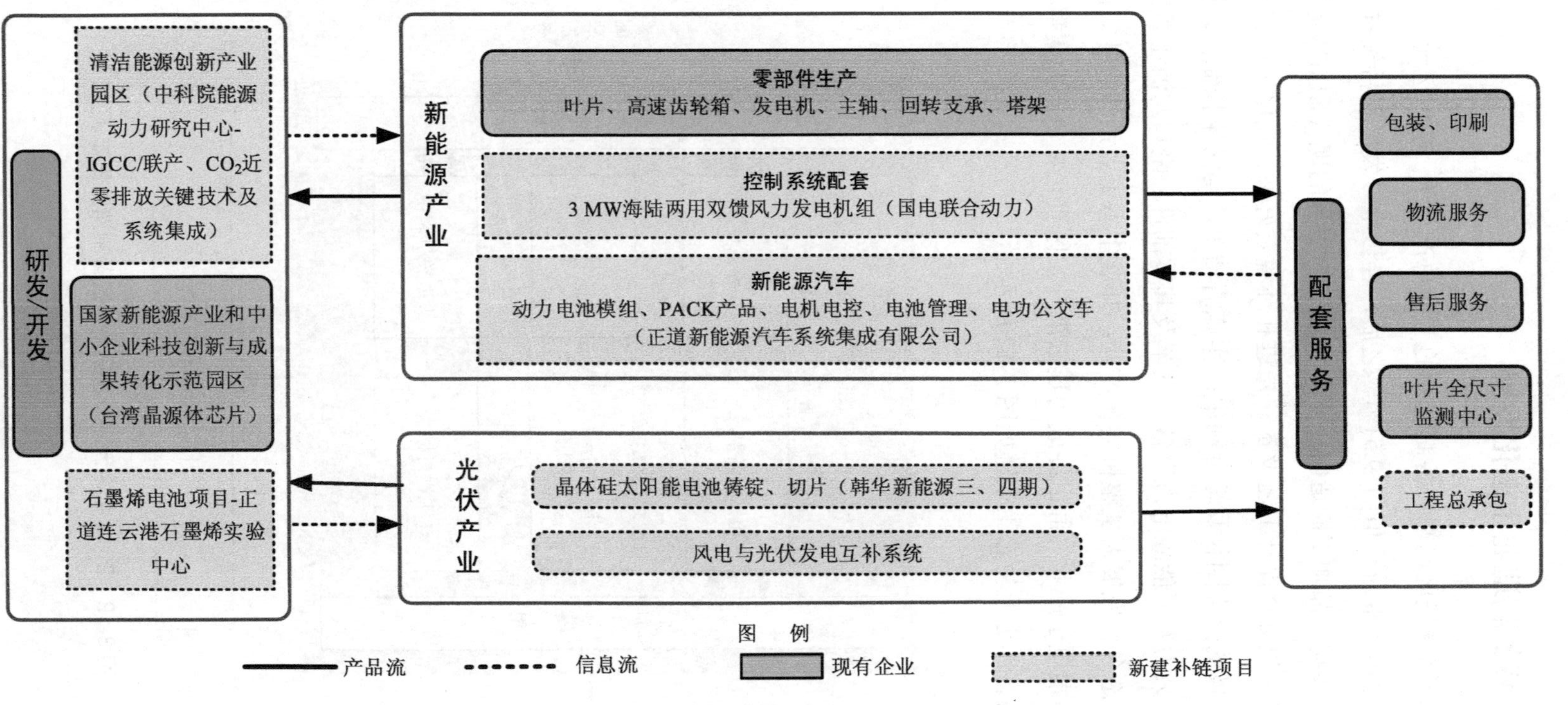

图 3-11　2019 年连云港开发区新能源行业产业链

3.2.4 高端装备制造业生态化发展

2010 年连云港开发区高端装备制造业的工业总产值为 57.1 亿元，工业增加值为 21.79 亿元，占全区工业总产值的 9.51%。之后，连云港开发区又持续推动制造方式由以产品为主导的实物产品加工制造向以服务和总装为主导的现代制造服务转变；推动数字化制造融入绿色设计；提升工艺设备的先进和环境友好性；强化生产过程的控制和管理；推广工业垃圾的分类回收及综合利用；实施清洁生产与污染控制；培育核心项目；生产尖端产品；大力发展能源电力设备、汽车及其零部件、港口与海上重工机械、工程机械等行业；创造条件发展大型整机装备产业；开展生态工业系统设计。截至 2014 年，汽车零部件和高端电子产业集群已经成为连云港开发区百亿特色产业集群。2014 年连云港开发区新型装备制造业生态工业链如图 3-12 所示。

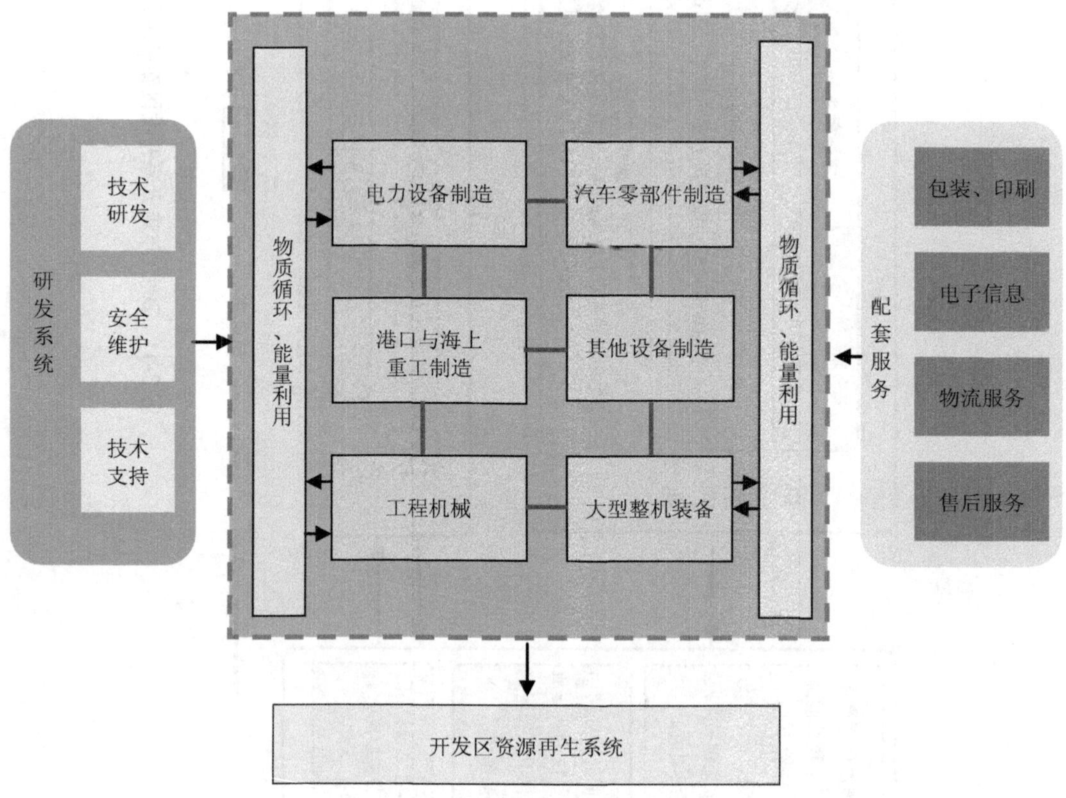

图 3-12 2014 年连云港开发区新型装备制造业生态工业链

连云港东睦新材料有限公司（粉末冶金汽车零件）、江苏晨友金属材料有限公司（不锈钢冷轧薄板）、大陆汽车电子（连云港）有限公司（ABS 传感器）、连云港启创铝制品制造有限公司（汽车用铸锻轮毂、铝合金铸锻件）等核心企业构成了连云港开发区汽车零配件产业集群，其中大陆汽车电子（连云港）有限公司是世界领先的汽车配套产品供应商之一。

连云港开发区引进了以连云港伍江数码科技有限公司为代表的一批电子产品生产企业，推动了开发区高端电子产品的快速发展。连云港伍江数码科技有限公司的智能电视产品是世界上第一家自有智能电视产品。连云港伍江数码科技有限公司是世界上第一家自有智能电视运营平台，是国内唯一在海外使用“终端+平台+内容+渠道”多元化产业融合经营模式的企业。“SONIQ 声光”成功打开了全球市场，已成为澳大利亚市场占有率第一的澳大利亚本土电视品牌。

连云港开发区持续推进高端装备制造业的生态化发展，2019 年，连云港开发区在国家生态工业示范园区建设过程中将原高端装备制造业拓展为先进制造业。先进制造业是国家和江苏省鼓励发展的产业。连云港开发区的先进制造业已初具规模。连云港开发区依托连云港启创铝制品制造有限公司、华磁商用电器制造（连云港）有限公司、东方国际集装箱（连云港）有限公司、连云港伍江数码科技有限公司等一批核心企业，形成了汽车零部件、高端电子、仪器仪表、专用设备制造等几个产品群，如图 3-13 所示。

启创铝制品公司年产 250 万只汽车轮毂，为克莱斯勒、日产系列、尼桑、大众、斯巴鲁等诸多知名汽车企业提供配套服务

拥有自主知识产权品牌的连云港伍江数码科技有限公司生产的 50 英寸以上高清液晶电视机热销欧美

图 3-13 连云港开发区的高端装备产品

连云港开发区将立足推动装备制造业高端化、智能化、绿色化、服务化转型升级，加大关键领域重大装备技术攻关和研制力度，加强军民融合，依托高端装备制造产业园，大力发展风电装备、物流装备、汽车零部件、专用工程机械装备等特色产业，健全工艺、能耗、环保、安全等行业规范和准入管理，坚决淘汰落后产能。

3.3 园区产业间生态链网构建

为推动连云港开发区的生态化发展，构建生态化体系。依据生态工业和循环经济的发展理念，连云港开发区自创建国家生态工业示范园区以来，建设实施了一批经济生态工业示范项目，包括水资源代谢链、废弃资源综合利用及余热利用生态工业链项目，促进了开发区生态链网的构建。

3.3.1 水资源代谢链

连云港开发区自创建生态工业示范园区以来，积极采取相关措施，推动企业内部、企业之间水资源生态链网的构建，提高资源能源的利用水平。

采取综合性节水措施。连云港开发区根据自身的用水及废水排放特点、企业工业用水和工业废水排放分别在新鲜水用量和废水排放量中所占的比例，按重点行业、重点企业针对性地实施工业节水方案。具体分为生产方式节水、生产工艺节水和管理节水。生产方式节水主要是采用先进的生产方式，如循环用水，提高水的重复利用效率。生产工艺节水主要是通过实行清洁生产战略，采用节水生产工艺，合理进行工业布局来减少工业生产对水的需求，提高水的利用效率。管理节水是建立和完善水资源统一的管理机构，制定有利于企业的节水政策，通过管理手段提高企业节水的积极性，推动企业的自主节水意识。

加快实施再生水回用工程。结合连云港开发区用水量较大并逐年递增的实际情况，加快扩大大浦工业区污水处理厂的中水回用工程规模并完善配套设施，为中水回用提供良好的硬件基础。

优化产业结构。连云港开发区从淘汰耗水量大、污染物排放强度高、用水效率低、水污染严重的生产工艺或生产企业入手，推动产业结构调整及优化，大力发展循环经济，构建节水型产业结构，继续扩大“三新一高”产业的规模，提升产业发展层次。

通过实施以上措施，截至 2015 年，连云港开发区的重复用水量大幅增加，增长了近 8 倍。同时中水处理设施的建设进一步提高了水资源利用效率，减少了废水排放。2015 年连云港开发区水资源代谢情况如图 3-14 所示。

生态工业园区创建成功后，连云港开发区继续推动生态化高质量发展，实施了一批经济生态工业示范项目。2019 年，恒隆水务投资建设了中水回用项目，其水质满足周边连云港市中港混凝土有限公司的厂用水要求，可作为中水直接回用；江苏康缘药业股份有限公司建设了中水回用——生态湿地项目，深度处理出水可稳定达到《城市污水再生利用　工业水用水水质》的水质标准，其回用水可用于配药水、泥机冲洗水和反冲洗水等，生态湿地公园出水可稳定达到《城市污水再生利用　景观环境用水水质》的水质标准，可用于景观用水。

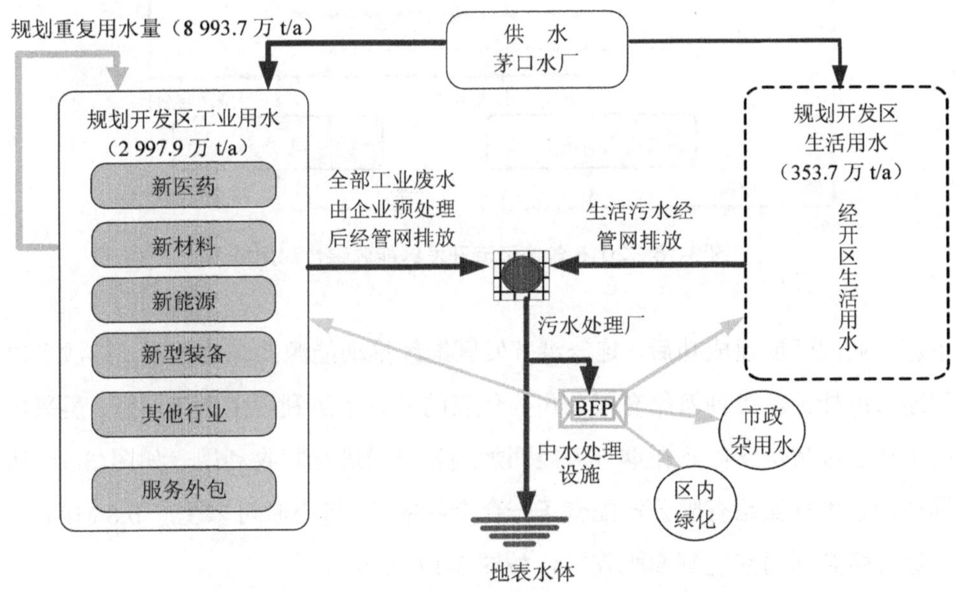

图 3-14　2015 年连云港开发区水资源代谢情况

3.3.2　能源综合利用链

连云港开发区分别从园区层面和企业层面积极开展合同能源管理项目，利用节能市场机制和良好的政策背景，持续推进节能改造，减少能源消耗。2015 年，连云港开发区能源综合利用链如图 3-15 所示。

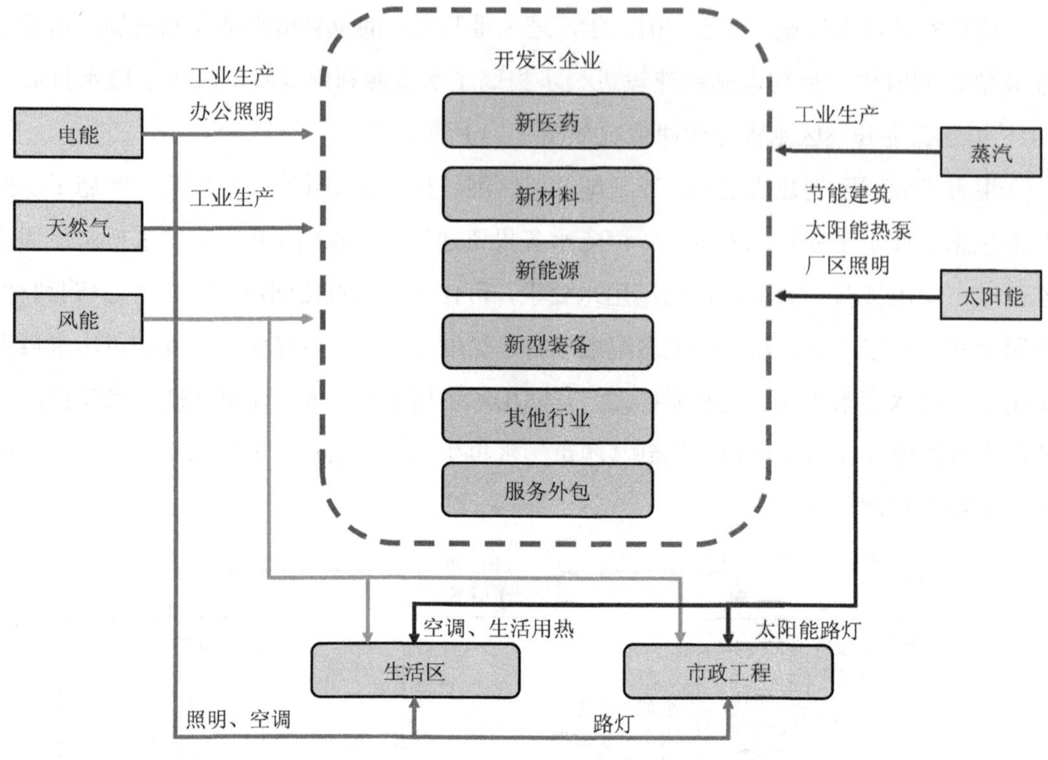

图 3-15　2015 年连云港开发区能源综合利用链

生态工业园区创建成功后，连云港开发区继续推动能源的综合利用，形成了以晨兴环保和连云港杜钟新奥神氨纶有限公司为代表的多条余热利用生态工业链。晨兴环保主要利用生活垃圾焚烧发电，在烟气流经面加装省煤器进行回收利用，如图 3-16 所示。连云港杜钟新奥神氨纶有限公司配套了一台余热锅炉，每小时可以生产 0.8 MPa 蒸汽 6 t 左右，综合能源利用率达到 80%左右，如图 3-17 所示。

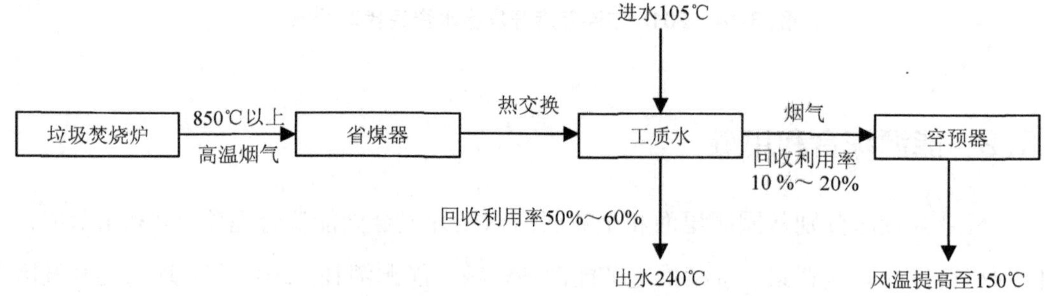

图 3-16　晨兴环保生活垃圾余热利用生态工业链

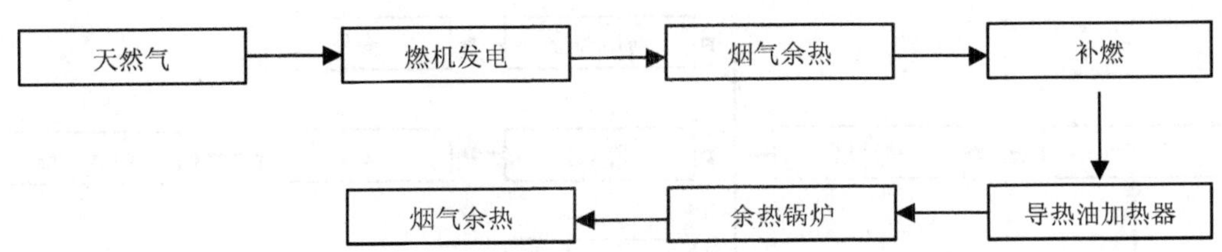

图 3-17　连云港杜钟新奥神氨纶有限公司余热利用生态工业链

3.3.3　固体废物综合利用链

连云港开发区自 2011 年开始创建国家生态工业示范园区以来，通过采取源头减量、过程控制、分类收集及强化管理等手段，不断提升连云港开发区废弃物综合利用率。生态工业园区创建成功后，开发区又继续推动废物资源化处理处置工作，构建了以制药行业废溶剂回收、氨纶废丝回收利用、餐厨垃圾回收、生活垃圾发电和污泥发电等项目为主的 5 条废弃资源循环利用生态工业链。

（1）制药行业废溶剂回收项目

碘化物回收：恒瑞医药通过实施浓缩回收有机碘项目，可获得 5%的碘成品，5%碘成品的产能为 100 t/月，全年可以获得经济收入 250 万元，如图 3-18 所示。

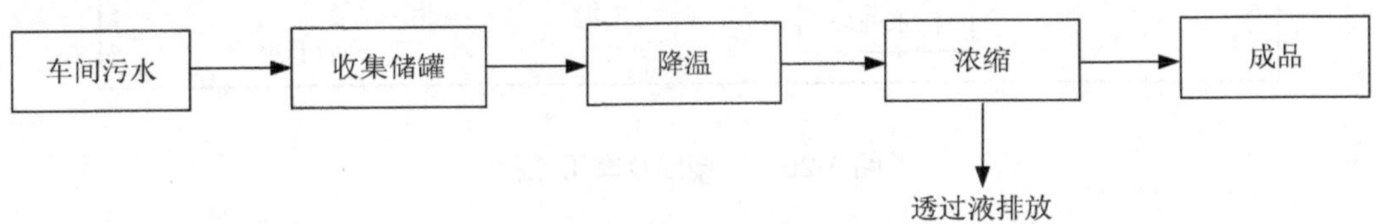

图 3-18　碘化物回收的生态工业链

精馏塔有机溶剂回收：恒瑞医药实现年回收可再利用一般溶剂 15 000 m^3、无水溶剂 1 500 m^3 左右。回收溶剂直接再利用部分的价值可达 8 000 万～9 000 万元，节约委外处理成本约 11 000 万元，如图 3-19 所示。

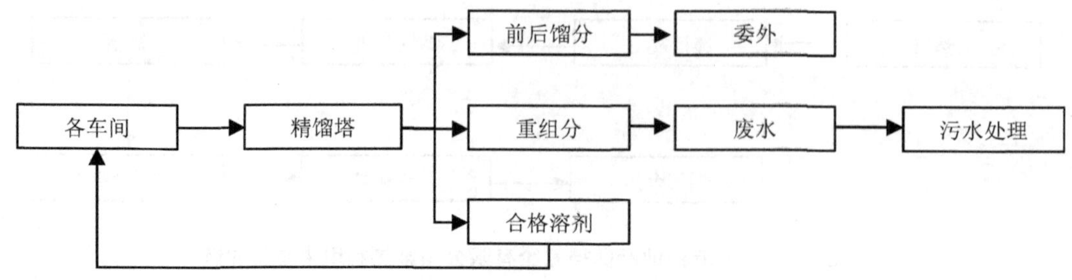

图 3-19 精馏塔有机溶剂回收流程

豪森超重力回收废有机溶剂：乙腈废溶剂可通过超重力和提纯，以及膜蒸馏工艺流程回收，回收的乙腈套用回生产车间，实现了有机溶剂的循环使用。超重力蒸馏设备的使用，每年可以处理各类高浓度有机废水 1.6 万 t，产出委外溶剂及固体废物 4 200 t，回收套用溶剂 270 t，如图 3-20 所示。

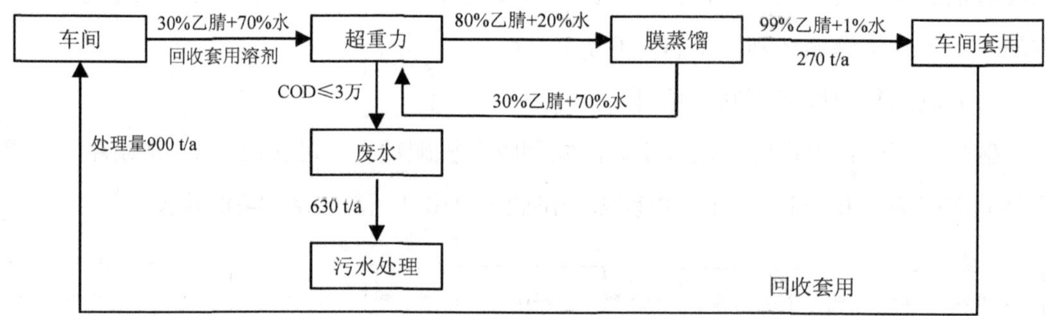

图 3-20 乙腈回收套用流程

（2）氨纶废丝回收利用项目

连云港杜钟新奥神氨纶有限公司将厂区废丝经粉碎机粉碎成所需要的尺寸后，将粉碎的碎丝加入聚合反应器中，并向反应器中加入 DMAC 进行溶解（需升温并启动搅拌器），在 80～90℃下进行预聚合反应（循环热水保温），反应时间为 2～3 h，生成预聚合溶液。溶解后的原液用泵经过滤器过滤，去除其中未溶解的固体杂质，然后将过滤后的溶液移至纺丝槽。溶解原液经过滤等流程后可进行纺丝，齿轮泵将其均匀分配至纺丝喷丝板，喷成丝束。在喷丝阶段，过滤溶液的溶剂 DMAC 在高温甬道中快速挥发烘干，聚合物形成纺丝聚合物。从热风室出来的喷丝聚合物经过空气假捻器，丝束进入卷绕头，卷装成丝筒，满卷后进贮存间贮存。

（3）餐厨垃圾回收项目

金驰生物采用“湿热水解+厌氧发酵”工艺处理餐厨废弃物，得到清洁能源沼气、粗油脂及昆虫蛋白，如图 3-21 所示。

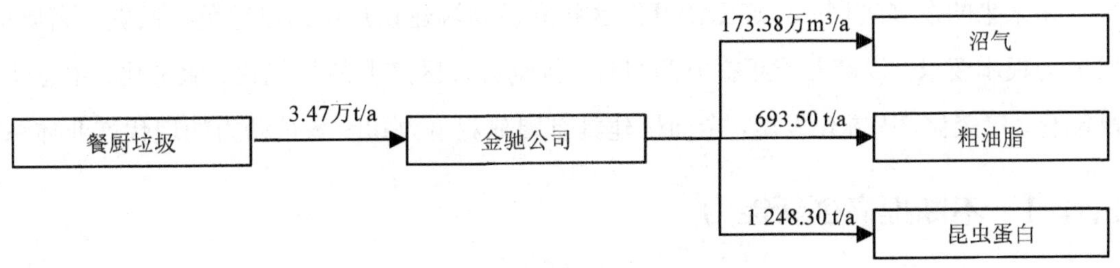

图 3-21　餐厨垃圾回收流程

（4）生活垃圾发电项目

晨兴环保利用生活垃圾进行发电，飞灰按有关规定螯合稳定化处理后进入生活垃圾填埋场进行填埋处理，炉渣经检测符合有关标准后可用于建材原料，如图 3-22 所示。

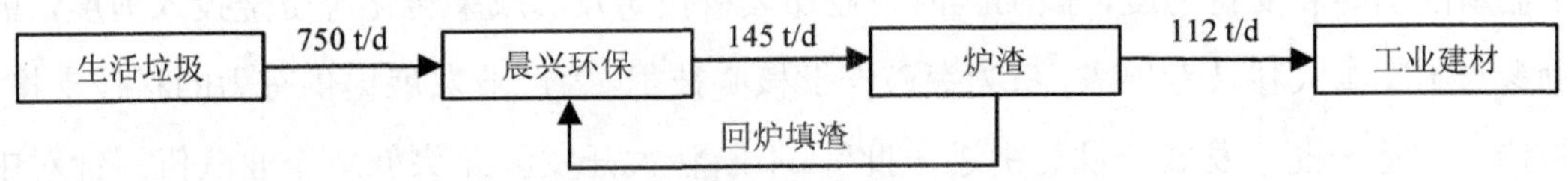

图 3-22　晨兴环保生活垃圾发电的生态工业链

（5）污泥发电项目

鑫能污泥通过焚烧处置城市生活污泥，产生的炉渣运往连云港美聚贸易有限公司作为建材产品的原料，如图 3-23 所示。

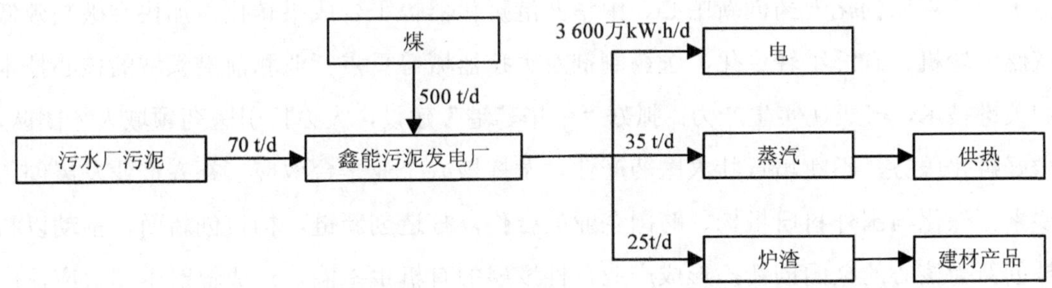

图 3-23　鑫能污泥污泥发电的生态工业链

3.4 主导产业生态化发展展望

在未来的发展进程中，连云港开发区将立足高端建设定位，以绿色、低碳、高质量发展为根本要求，以产业能级提升为目标，推动开发区产业的智能化、服务化、生态化、高端化、集聚化、国际化发展，全面构建具有国际竞争力和区域带动力的现代产业体系。

3.4.1 不断提高创新能力

坚持把科技创新与产业发展相结合，持续强化“企业创新主体能力、创新平台支撑能力、创新创业服务能力”三大能力建设，全面提升科技创新核心竞争力，打造园区高质量发展新引擎。

（1）聚焦企业创新主体能力提升

着力从龙头创新企业扶持和中小企业创新能力提升上采取有力措施，加大对企业自主创新的引导和支持力度，鼓励区内企业加大科技研发、成果转化等资金投入力度，鼓励参与国家重大科技专项等，着力突破一批核心技术，为产业发展提供有力的科技支撑。坚持“扶持一批、发展一批、引进一批”，不断壮大开发区龙头创新企业队伍。针对中小企业创新风险承担能力不足的问题，探索建立技术创新战略联盟。实施小升高培育行动，培育专精特新“小巨人”企业、单项冠军企业。

（2）聚力创新平台支撑能力提升

依托“三新一高”优势产业，大力推进各类科技创新平台建设，服务科技成果转化和科技产业融合。推动中国科学院大科学装置、国家级碳纤维复合材料试验公共服务平台、省原创化学药创新中心、中华药港孵化器等平台成果转化，加快突破高效低碳燃气轮机、碳纤维轻量化、医药制剂及医疗器械等重点行业和前沿领域的核心技术和关键技术，形成现实生产力。抓好“中华药港”建设，大力招引医药领域人才团队，做好孵化服务，不断培育壮大医药产业。发挥核心企业平台效应，补齐产业发展创新要素。深化与国外科研机构、跨国企业的合作，打造创新链，构筑创新面，推动以科技创新为核心的全面创新，形成产业良性发展的有机生态圈，形成辐射带动效应，广泛拓展国际新市场。

（3）注重创新创业服务能力提升

围绕新业态，借助自贸试验区开放优势，积极发展“互联网+创业”，大力发展市场化、专业化、集成化、网络化的“众创空间”。加强创新创业服务体系建设，培育市场化、专业化的研究开发、技术转移、检验检测认证、知识产权、科技咨询、科技金融、科学技术普及等专业科技服务和综合科技服务中介服务机构。调整财政投入方式，加强对创新创业平台载体基础设施建设、项目和企业的资助，加大政府购买创新创业服务力度。完善体制机制，加速创新要素集聚，努力争取国家重大科技项目落户开发区，及时兑现各级各项政策红利，充分调动和激发企业创新的主动性和积极性，全力助推企业创新发展。

3.4.2　加快发展数字经济

围绕新医药、新材料、装备制造等优势产业的数字化发展需求，加快引进培育智能装备系统集成企业和从事工业软件、大数据、工控安全等集成应用企业。推动企业智能化改造，建立智能制造培育项目库，建设一批智能工厂和数字化车间，全面提升企业数字化和智能化水平。引导鼓励大中小型企业将基础设施、业务、设备和数据向云端迁移。支持制造业企业基于大数据、工业互联网等开展运营管理。

（1）推动产业数字化升级

以线上线下融合发展为导向，运用大数据、人工智能等现代数字技术改造提升医疗健康、养老服务、旅游文化等生活性服务业，以及现代物流、电子商务、数字商务、金融等生产性服务业，不断提高相关服务业的数字化、网络化、智能化发展水平，支持服务产品个性化、多样化发展。以“一带一路”供应链基地为依托，加快建设智能物流网络、企业物流信息系统、物流大数据平台等，推动新物流与新零售的融合发展。增强医疗、物流、大宗产品交易等数据采集能力，探索多元化的数据采集渠道，实现数据有效集成、互联共享。

（2）培育数字化产业发展

适时发展云计算产业，开展云计算应用示范，搭建面向生物医药、新材料、高端装备制造业等特定行业特定领域的工业云平台。围绕产业发展需要，以工业互联网基础平台建设为依托，支持高端工业软件、新型工业 App 的研发和应用，发展工业操作系统及工业大数据管理系统。推动车联网示范项目在“中华药港”建成使用，加快国际互联网数据专用通道建成投用。

3.4.3 积极培育生产性服务业

充分释放自贸试验区最高平台效应，围绕专业服务、新金融、跨境电商、物流与供应链、总部经济、都市工业旅游等，积极发展生产性服务业，支撑主导产业的高质量发展。

（1）加快专业服务发展

聚焦关联服务，围绕主导产业的发展需求，重点发展研究开发及其服务、技术转移服务、检验检测服务、创业孵化服务、知识产权服务等；对接国内外各大专利检索、技术成果等平台，促进技术需求方与技术所有者精准对接。商务服务重点发展企业经营管理服务、人力资源战略咨询、企业信息服务、法律咨询和诉讼服务、商事咨询与调查、商务会展服务、宣传策划广告服务，消费决策服务等；引导商务咨询企业以促进产业转型升级为重点，加快发展战略规划、营销策划、市场调查、管理咨询等提升产业发展素质的咨询服务。创新专业服务业发展方式，鼓励生物医药等企业将研发中心、技术中心、重大产业技术服务平台等分离，依托江苏原创药物研发中心等企业，充分发挥人才聚集、技术领先优势，创造条件组建专业化、面向社会的科技服务企业。瞄准国际标准，加快电子商务、供应链管理、知识产权服务、商务服务、检测认证服务等新兴服务领域标准研制。

（2）促进金融创新发展

金融服务重点发展商业银行、科技银行、财务公司、小额贷款公司、知识产权等无形资产融资租赁等。支持依法依规设立中外合资银行、民营银行、保险、证券、公募基金、持牌资产管理机构等法人金融机构。在有效防范风险的基础上，稳妥有序开展供应链金融业务，探索债券、股权融资支持工具试点。支持开展外债注销登记下放给银行办理试点。鼓励保险公司创新产品和服务，为主导产业发展等提供保障。积极开展租赁业务创新和制度创新，大力推广医药制造设备、农机装备、运输工具、生产线等融资租赁服务，支持中小微融资租赁企业发展。支持银行金融机构与创业投资、产业投资基金等组成投贷联动战略联盟，加快发展投贷联动业务。创新政府与社会资本的共赢机制，建立覆盖企业全生命周期的种子、天使、创投、产业引导和并购基金，加强对企业全周期融资支持。建立健全政府相关部门主导的专业担保机构发展机制，对符合条件的区内企业提供信用背书，以财政补贴的形式降低担保费率，切实让企业享受到便利实惠的融资服务。

（3）推动物流与供应链发展

重点发展产业物流、专业物流、冷链物流、保税物流等，引导物流企业向规范化、集团化和国际化发展。产业物流围绕工业、商贸业发展需要，大力发展以公路仓储运输为主的产业配套物流，引进 2～3 家第三方大型仓储物流企业及服务运营商；搭建以原辅材料采购和仓储金融质押等功能为核心的第三方供应链物流平台。专业物流重点发展医药、特种材料等专业物流，有效整合营销渠道上下游资源，培育辐射全市乃至更大区域的行业性供应链物流配送中心。

第4章

生态环境保护管理及污染物排放

4.1　生态环境管理相关政策概述

20 世纪 70 年代，我国环境保护工作正式开启，重点围绕“三废”（废气、废水、废渣）治理展开，环境保护规划陆续编制并完善。《环境保护十年规划和“八五”（1991—1995 年）计划纲要》提出污染防治从浓度控制转为总量控制，实行排放总量控制计划管理。随后，我国“环境与发展十大对策”提出将环境保护指标开始纳入国民经济社会发展综合决策。“十二五”时期，总量控制指标增加了氨氮和氮氧化物，提出了 PM_{10} 和 $PM_{2.5}$ 浓度下降指标，制定了危险废物管理指标体系，规划技术规范和管理实施体系逐步完善。清洁生产促进法的修订更加强调了源头控制在环境保护中的重要性。随着常规污染物治理已取得良好成效，“十三五”期间，VOCs 成为治理重点。“十四五”时期，明确提出了臭氧和新污染物是新阶段的关注重点并出台了治理方案。

4.1.1　国家生态环境管理相关政策

1973 年 8 月第一次全国环境保护会议的召开，标志着我国环境保护工作的正式开启。1979 年 9 月，我国第一部环境保护法《中华人民共和国环境保护法（试行）》颁布，规定了环境保护的原则、基本制度和管理措施，正式建立了环境影响评价制度、环境保护责任制度和排污收费制度，将污染者的责任、征收排污费、对基本建设项目实行“三同时”（同时设计、同时施工、同时投产使用）等作为强制性的法律制度确定下来。[16]

大气、水和固体废物领域的专项防治法相继颁布。1984 年 5 月，第六届全国人民代表大会常务委员会第五次会议通过了《中华人民共和国水污染防治法》。1987 年 9 月，第六届全国人民代表大会常务委员会第二十二次会议通过了《中华人民共和国大气污染防治法》。1995 年 10 月，第八届全国人民代表大会常务委员会第十六次会议通过了《中华人民共和国固体废物污染环境防治法》。

随着国家五年环境保护规划技术规范和管理实施体系的逐步完善，1996 年 9 月，国务院批准实施了首个国家环境保护五年计划：《国家环境保护“九五”计划和 2010 年远景目标》，同时制订了《“九五”期间全国主要污染物排放总量控制计划》和《中国跨世纪绿色工程规划》，以实现污染控制与环境保护并行。[17]之后又陆续出台了《国家环境保护“十五”计划》和《中华人民共和国清洁生产促进法》，2007 年，国务院印发了《国家环境保护“十一五”规划》，对化学需氧量、二氧化硫两种主要污染物实行排放总量控制计划管理，强调把防治污染作为重中之重，加快结构调整，加大污染治理力度，建立评估考核机制，每半年公布一次各地区主要污染物排放情况、重点工程项目进展情况、重点流域与重点城市的环境质量变化情况。

2008 年 8 月，第十一届全国人民代表大会常务委员会第四次会议通过了《中华人民共和国循环经济促进法》。循环经济是指在生产、流通和消费等过程中进行的减量化、再利用、资源化活动的总称，发展循环经济是国家经济社会发展的一项重大战略。

2011 年 12 月，国务院印发了《国家环境保护“十二五”规划》，其中，主要污染物排放总量控制指标在“十一五”两项指标（化学需氧量、二氧化硫）的基础上，增加了氨氮和氮氧化物两项污染物排放总量控制指标。[17]

2012 年 2 月，第十一届全国人民代表大会常务委员会第二十五次会议通过了《全国人民代表大会常务委员会关于修改〈中华人民共和国清洁生产促进法〉的决定》，并于 2012 年 7 月 1 日起正式实施。新修订的《中华人民共和国清洁生产促进法》强化了政府推进清洁生产的工作职责，明确了国家建立清洁生产推行规划制度。国家设立中央财政清洁生产资金，用于支持国家清洁生产，并指出地方政府也应当统筹地方财政安排的清洁生产促进工作的资金，引导社会资金，支持清洁生产重点项目。首次将“强制性清洁生产审核”写入法律，并扩大了对企业实施强制性清洁生产审核的范围，将超过单位产品能源消耗限额标准构成高耗能的企业列入强制性审核范围。[18]

2012 年 10 月，环境保护部、国家发展改革委、工业和信息化部及卫生部联合发布了《“十二五”危险废物污染防治规划》，要求狠抓危险废物产生源头控制，进一步提高无害化利用处置保障能力，提升全过程监管能力，有效遏制非法转移倾倒行为，综合运用法律、行政、经济和技术等手段，不断提高危险废物污染防治水平，降低危险废物环境风险。[19]

2013 年 9 月，国务院印发了《大气污染防治行动计划》（以下简称“大气十条”），指出以 PM_{10} 和 $PM_{2.5}$ 为特征污染物的区域性大气环境问题突出，要制定 PM_{10} 和 $PM_{2.5}$ 浓度下降指标。全面整治燃煤小锅炉，加快重点行业脱硫、脱硝、除尘改造工程建设，推进 VOCs 污染治理。综合整治城市扬尘，强化移动源污染防治，全面推行清洁生产，大力发展循环经济。

2014 年 9 月，国家发展改革委、环境保护部和国家能源局联合下发了《煤电节能减排升级与改造行动计划（2014—2020 年）》，指出要重点推进现役燃煤发电机组大气污染物达标排放环保改造，燃煤发电机组必须安装高效脱硫、脱硝和除尘设施，未达标排放的要加快实施环保设施改造升级。

2015 年 4 月，国务院印发了《水污染防治行动计划》（以下简称“水十条”），指出要以改善水环境质量为核心，按照“节水优先、空间均衡、系统治理、两手发力”原则，系统推进水污染防治、水生态保护和水资源管理。要狠抓工业污染防治，集中治理工业集聚区水污染，集聚区内的工业废水必须经预处理达到集中处理要求，方可进入污水集中处理设施。污水处理设施产生的污泥应进行稳定化、无害化和资源化处理处置。全面加强配套管网建设，实行雨污分流。促进再生水，完善再生水利用设施，工业生产、城市绿化、道路清扫、车辆冲洗、建筑施工及生态景观等用水要优先使用再生水。控制用水总量，提高用水效率。

2015 年 8 月，第十二届全国人大常委会第十六次会议表决通过了第三次修订的《中华人民共和国大气污染防治法》，并于 2016 年 1 月 1 日起施行。其中将改善大气环境质量作为大气污染治理的目标，进一步完善了大气污染防治的监督管理，第一次提出地方各级人民政府负责制。[20]

2015 年 10 月，环境保护部印发了《危险废物规范化管理指标体系》，其适用于全国危险废物产生单位和经营单位的危险废物规范化考核，考核内容主要包括危险废物识别标志设置情况，危险废物管理计划制订情况，危险废物申报登记、转移联单、经营许可、应急预案备案等管理制度执行情况，贮存、利用、处置危险废物是否符合相关标准规范等情况。

2016 年 6 月，国务院印发《土壤污染防治行动计划》（以下简称“土十条”），指出要深入开展土壤污染调查，掌握土壤环境质量状况，实施分类别、分用途、分阶段治理，严控新增污染、逐步减少存量，形成政府主导、企业担责、公众参与、社会监督的土壤污染防治体系。

2017 年 6 月，第十二届全国人民代表大会常务委员会第二十八次会议通过了《全国人民代表大会常务委员会关于修改〈中华人民共和国水污染防治法〉的决定》，并于 2018 年 1 月 1 日起施行。其中，强化了地方政府责任，推行了水环境质量责任制、河长制、限期达标规划、水环境质量监测等。完善了水污染防治监督管理制度，强化了重点领域污染防治措施。采用更严格的污染防治措施，明确有毒有害水污染物名录与风险管理、工业废水分类处理、工业废水预处理要求、污泥处理处置费用与要求，实施更严格的处罚。

2017 年 9 月，环境保护部、国家发展改革委、财政部、交通运输部、国家质量监督检验检疫总局、国家能源局联合印发了《“十三五”挥发性有机物污染防治工作方案》，要求全面加强 VOCs 污染防治工作，强化重点地区、重点行业、重点污染物的减排。

2018 年 6 月，国务院印发《打赢蓝天保卫战三年行动计划》，提出要大幅减少主要大气污染物排放总量，协同减少温室气体排放，进一步明显降低 $PM_{2.5}$ 浓度，明显减少重污染天数，明显改善环境空气质量，明显增强人民的蓝天幸福感。

2019 年 6 月，生态环境部印发《重点行业挥发性有机物综合治理方案》，指出要大力推进源头替代，全面加强无组织排放控制，推进建设适宜高效的治污设施，深入实施精细化管控。

2020 年 4 月，十三届全国人大常委会第十七次会议审议通过了修订后的《中华人民共和国固体废物污染环境防治法》，明确了目标责任制、信用记录、联防联控、全过程监控和信息化追溯等制度，明确了国家将逐步实现固体废物零进口。完善了工业固体废物污染环境防治制度，强化了产生者责任，增加了排污许可、管理台账、资源综合利用评价等制度。完善了生活垃圾污染环境防治制度。明确了国家将推行生活垃圾分类制度，确立了生活垃圾分类的原则。完善了危险废物污染环境防治制度，规定了危险废物分级分类管理、信息化监管体系、区域性集中处置设施场所建设等内容。加强危险废物跨省转移管理，通过信息化手段管理、共享转移数据和信息，规定了电子转移联单，明确了危险废物转移管理应当全程管控、提高效率。

2020 年 6 月，生态环境部印发了《2020 年挥发性有机物治理攻坚方案》，把 VOCs 治理攻坚作为“十三五”打赢蓝天保卫战收官的重要任务。

2021 年 5 月，国务院办公厅印发了《强化危险废物监管和利用处置能力改革实施方案》，指出要提升危险废物的监管和利用处置能力，有效防控危险废物环境与安全风险。同年 9 月，生态环境部印发了《“十四五”全国危险废物规范化环境管理评估工作方案》。

2022 年 5 月，国务院办公厅印发了《新污染物治理行动方案》，指出有毒有害化学物质的生产和使用是新污染物的主要来源，要以有效防范新污染物环境与健康风险为核心，以精准治污、科学治污、依法治污为工作方针，遵循全生命周期环境风险管理理念，统筹推进新污染物环境风险管理，实施调查评估、分类治理、全过程环境风险管控，加强制度和科技支撑保障，健全新污染物治理体系。

2022 年 11 月，生态环境部、国家发展改革委和科学技术部等多部门联合印发了《深入打好重污染天气消除、臭氧污染防治和柴油货车污染治理攻坚战行动方案》，指出臭氧污染日益凸显，特别是在夏季，已成为导致部分城市空气质量超标的首要因子，柴油货车污染是氮氧化物排放的重要来源，对秋冬季 $PM_{2.5}$ 污染和夏季臭氧污染影响较大。$PM_{2.5}$ 和臭氧需协同控制，以有效遏制臭氧浓度增长趋势，显著提高柴油货车污染治理水平。生态环境管理主要政策汇总见表 4-1。

表 4-1　生态环境管理主要政策

年份	法律法规及政策	重点内容
1979	《中华人民共和国环境保护法（试行）》	正式建立了环境影响评价制度、环境保护责任制度和排污收费制度
1996	《国家环境保护“九五”计划和 2010 年远景目标》	国务院批准实施的首个国家环境保护五年计划，制订了《“九五”期间全国主要污染物排放总量控制计划》和《中国跨世纪绿色工程规划》，污染控制与环境保护并行
2007	《国家环境保护“十一五”规划》	对化学需氧量、二氧化硫两种主要污染物实行排放总量控制计划管理，强调把防治污染作为重中之重，加快结构调整，加大污染治理力度
2008	《中华人民共和国循环经济促进法》	发展循环经济是国家经济社会发展的一项重大战略
2011	《国家环境保护“十二五”规划》	主要污染物排放总量控制指标在“十一五”两项指标（化学需氧量、二氧化硫）的基础上，增加了氨氮和氮氧化物两项污染物排放总量控制指标
2012	《全国人民代表大会常务委员会关于修改〈中华人民共和国清洁生产促进法〉的决定》	强化了政府推进清洁生产的工作职责，首次将“强制性清洁生产审核”写入法律
	《“十二五”危险废物污染防治规划》	狠抓产生源头控制，进一步提高无害化利用处置保障能力，提升全过程监管能力
2013	《大气污染防治行动计划》	简称“大气十条”，指出以 PM_{10}、$PM_{2.5}$ 为特征污染物的区域性大气环境问题突出，要全面整治燃煤小锅炉，加快重点行业脱硫、脱硝、除尘改造工程建设
2015	《水污染防治行动计划》	简称“水十条”，指出要以改善水环境质量为核心，按照“节水优先、空间均衡、系统治理、两手发力”原则，系统推进水污染防治、水生态保护和水资源管理

年份	法律法规及政策	重点内容
2015	《中华人民共和国大气污染防治法》	将改善大气环境质量作为大气污染治理的目标，体现了大气污染防治工作从注重污染防治到注重大气环境质量的重大转变
2016	《土壤污染防治行动计划》	简称“土十条”，指出要实施分类别、分用途、分阶段治理，严控新增污染、逐步减少存量，形成政府主导、企业担责、公众参与、社会监督的土壤污染防治体系
2018	《打赢蓝天保卫战三年行动计划》	大幅减少主要大气污染物排放总量，协同减少温室气体排放，明显增强人民的蓝天幸福感
2019	《重点行业挥发性有机物综合治理方案》	大力推进源头替代，全面加强无组织排放控制，推进建设适宜高效的治污设施，深入实施精细化管控
2021	《强化危险废物监管和利用处置能力改革实施方案》	提升危险废物监管和利用处置能力，有效防控危险废物环境与安全风险
2022	《新污染物治理行动方案》	统筹推进新污染物环境风险管理，实施调查评估、分类治理、全过程环境风险管控，加强制度和科技支撑保障，健全新污染物治理体系
	《深入打好重污染天气消除、臭氧污染防治和柴油货车污染治理攻坚战行动方案》	臭氧污染日益凸显，$PM_{2.5}$ 和臭氧需协同控制，有效遏制臭氧浓度增长趋势，显著提高柴油货车污染治理水平

4.1.2 江苏省生态环境管理相关政策

2012 年 4 月，江苏省环保厅印发了《关于开展化工行业挥发性有机物污染现状调查和整治试点工作的通知》，强调各地要把挥发性有机物污染调查和整治工作纳入重点工作事项。同时，江苏省环保厅还印发了《江苏省挥发性有机污染物排放情况调查工作方案》和《江苏省化工园区废气整治试点工作方案》，鼓励非重点园区要积极推进挥发性有机物污染防治工作，应用 LDAR（泄漏检测与修复）等先进适用技术，强化挥发性有机物的泄漏监管，促进化工行业、企业节能降耗和减污增效。

2013 年 5 月，江苏省环保厅印发了《关于开展我省大气污染源排放清单建设工作的通知》，推动各地抓紧全面启动大气排放清单建设工作。

2014 年 1 月，江苏省人民政府印发了《江苏省大气污染防治行动计划实施方案》，指出要持续提高清洁生产水平，加快工业园区生态化循环化改造。加强有机化工、医药、表面涂装、塑料制品、包装印刷等挥发性有机物排放重点行业综合整治，全面推进有机废气综合治理，试点推进一批重点企业完成“泄漏检测与修复”技术体系建设。强化大气污染源排放监管，将重点大气污染源全部纳入生态环境部门的在线监控系统，实现实时监控目标。全面整治燃煤小锅炉，强化大气污染源监测监控。

2014 年 12 月，江苏省人民政府办公厅印发了《江苏省煤电节能减排升级与改造行动计划（2014—2020 年）》，指出要加快淘汰落后产能，实施综合节能改造，实施环保设施改造，以达到燃煤机组大气污染物排放浓度降低的目的。

2015 年 12 月，江苏省人民政府印发的《江苏省水污染防治工作方案》指出，要以企业循环化、清洁化改造为抓手，制定原料药加工等重点行业专项整治方案，建立清洁生产企业清单和清洁化工艺改造项目清单，全面推进清洁化改造。全面推行工业集聚区企业废水和水污染物纳管总量双控制度，重点行业企业工业废水实行“分类收集、分质处理、一企一管”，所有园区及企业均建成自动监测预警系统。按照系统治理、源头减排、过程控制、统筹建设原则，系统推进海绵城市建设。

2017 年，江苏省环保厅印发的《江苏省 2017 年大气污染防治工作计划》指出，将产业结构调整和重点行业挥发性有机物治理纳入了工作重点，制定了二氧化硫、氮氧化物、挥发性有机物排放量同比削减目标。

2018 年 9 月，江苏省人民政府印发《江苏省打赢蓝天保卫战三年行动计划实施方案》。该方案指出，要从空间布局优化、产业结构调整、资源高效利用、公共基础设施建设、环境保护、组织管理创新等方面推进现有各类园区实施循环化改造。聚焦工业园区，大幅提升区域污染防治能力，加强环境基础设施标准化建设，大幅提升污染物收集、污染物处置和生态环境监测监控能力。

2018 年 11 月，江苏省人民政府办公厅印发了《省政府办公厅关于加强危险废物污染防治工作的意见》，引导企业源头减量，加强对危险废物运输过程的管理。落实企业污染防治主体责任，加强规范化管理，健全完善危险废物动态管理信息系统。

2020 年 4 月，江苏省水污染防治联席会议办公室印发了《江苏省 2020 年水污染防治计划》，指出要加大省级以上工业集聚区污水集中处理和在线监控设施监管力度。

2020 年 6 月，江苏省印发了《省生态环境厅关于实施厂区内挥发性有机物无组织排放监控要求的通告》，指出要强化 VOCs 综合治理，严格落实《挥发性有机物无组织排放控制标准》（GB 37822—2019），企业厂区内的 VOCs 无组织排放监控点浓度按《关于执行大气污染物特别排放限值的通告》的规定执行。

2021 年 3 月，江苏省生态环境厅印发了《江苏省 2021 年水污染防治工作计划》，提出要加强对工业园区特征水污染物的管控，建立重点园区有毒有害水污染物名录库。

2021 年 7 月，江苏省生态环境厅印发了《江苏省生态环境厅关于进一步加强危险废物环境管理工作的通知》，要求各地加大日常监督执法和“双随机”抽查力度。

2021 年 10 月，江苏省生态环境厅印发了《江苏省“十四五”生态环境监测监控体系与能力现代化建设规划》，指出要全面优化生态环境监测监控体系，持续提升生态环境监测监控能力，不断提高生态环境监测监控保障水平。

2022 年 3 月，江苏省水污染防治联席会议办公室印发了《江苏省 2022 年水生态环境保护工作计划》。该计划指出，要加强工业园区污水收集处理能力建设，持续推进工业废水与生活污水分类收集、分质处理。实施工业节水技术改造和清洁生产示范，持续推进工业园区循环化改造。统筹水资源、水生态、水环境，强化源头治理、综合治理。

2022 年 8 月，江苏省生态环境厅、江苏省发展改革委决定在全省开展煤电机组深度脱硝改造工作，并印发了《江苏省煤电机组深度脱硝改造工作方案》，该方案指出，要制定“一企一策”改造方案，优化机组启停操作等重点任务。

2022 年 12 月，江苏省人民政府办公厅印发了《江苏省新污染物治理工作方案》，推动了全省新污染物治理工作，并提出了 2025 年新污染物治理工作目标。

2023 年 2 月，江苏省生态环境厅联合多部门印发了《江苏省深入打好重污染天气消除、臭氧污染防治和柴油货车污染防治攻坚战行动实施方案》，强调要打好重污染天气消除、臭氧污染防治、柴油货车污染治理 3 个标志性战役。强化 VOCs、氮氧化物等多污染物协同减排，以石化、化工、涂装、制药、包装印刷和油品储运销等为重点，加强 VOCs 源头、过程、末端全流程治理，开展低效治理设施全面提升改造工程。

2023 年 5 月，江苏省深入打好污染防治攻坚战指挥部办公室印发了《江苏省重点行业工业企业雨水排放环境管理办法（试行）》，指出原料药制造等重点行业工业企业要依据管理办法规范雨水排放行为。

4.2 园区生态环境与污染物排放

2012 年，连云港开发区国家生态工业示范园区完成了创建前期工作，国家生态工业示范园区进入建设阶段。经过 10 年的发展，连云港开发区的生态环境质量稳步提升，本节将从大气污染防治、水污染防治、固体废物污染防治和生态建设 4 个方面对连云港开发区的生态环境治理经验进行介绍。

4.2.1 大气污染防治

2012 年，新修订的《中华人民共和国清洁生产促进法》强化了政府推进清洁生产的工作职责。2013 年，“大气十条”指出，要全面整治燃煤小锅炉，加快重点行业脱硫、脱硝、除尘改造工程建设。随着国家生态工业园区的建设，连云港开发区大力倡导清洁生产，加速了对小锅炉的整治工作。

根据清洁生产资源最大利用化、无害化原则，为实现源头污染物减排，连云港开发区环境保护局 2013 年完成审核企业 4 家，2014 年完成审核企业 5 家。为加大执法人员素质培训力度，组织相关人员参加了环境保护部、商务部、省环保厅及市环保局等上级单位组织的环境法律法规、固体废物管理、生态工业园区建设、绿色创建等培训，提高了全员整体工作水平，为适应新形势下的环境保护工作奠定了坚实基础。为推进重点清洁生产工程，鑫能污泥进行了垃圾焚烧发电改造工程，共投资 0.12 亿元，减排氮氧化物 170 t/a。

淘汰云台三菱、恒顺化工、汇农生物及中复连众等企业 10 t 以下燃煤小锅炉 43 台，改用集中供热，全面启动宋跳、大浦工业区集中供热管网建设及合同服务工作。以引进高新技术产业为主，同时不断提升传统产业 SO_2 控制水平，实施供热扩容工程和锅炉烟气脱硫工程，逐步实施相关行业脱硝工程，从源头减少大气污染物排放，为大气环境质量改善做出了积极贡献。

对重点企业进行针对性的技术改造工程，如晨兴环保对锅炉进行了改造，改造后，废气二氧化硫、氮氧化物排放量对比下降了 13%～20%，改造效果非常显著；杜钟新奥神氨纶有限公司逐步报停报废了燃煤蒸汽锅炉；鑫能污泥是目前开发区两家热电联产中心之一，根据《国家环境保护“十二五”规划》和《火电厂大气污染物排放标准》(GB 13223—2011)，热电厂的废气排放浓度须达到新标准要求，即烟尘排放浓度小于 30 mg/m^3（标态），二氧化氮排放浓度小于 200 mg/m^3（标态），为满足国家及地方的环境保护要求、减轻环境污染，鑫能污泥投资了 600 万元，对现有脱硝除尘环保设备进行升级改造，项目实施后可达到新排放标准要求，实现节能减排。

积极围绕“强制推行转变为主动配合、综禁管理转变为收割服务、单纯检查转变为交流推广、单打独斗转变为合力推进”四个转变，根据“不烧一把火，抓好最后一把草”的综禁工作总要求，以推进秸秆机械粉碎全量还田为主要抓手，统筹各街道（场）加强农机调度，细化秸秆清运体系，推进综合利用，严格督查考核，使连云港开发区于 2012 年首次实现了全年卫星遥感及上级督查零火点、零抛河通报。

连云港开发区经济快速发展的同时，SO_2 排放强度也不断降低，SO_2 排放弹性系数为负值。单位工业增加值 SO_2 排放量由 2012 年的 0.7 kg/万元下降到了 2014 年的 0.36 kg/万元。氮氧化物排放强度也逐年降低，单位工业增加值氮氧化物排放量由 2012 年的 0.026 t/万元降至了 2014 年的 0.023 t/万元。

随着相关政策的出台，连云港开发区建立了区大气污染防治联席会议制度，印发了《开发区大气污染防治工作计划的通知》《国控监测点周边空气质量改善方案》等文件，制定了燃煤锅炉淘汰整治工作实施方案和以奖代补实施办法，重点推进燃煤锅炉淘汰、工业污染 VOCs 治理、扬尘粉尘烟尘污染治理、城市污染综合治理等工作。通过讲政策、勤督查，请专家、多指导，组织相关企业参加国家、省技术论坛，开展区内企业治理经验交流研讨，以及采取技术指导、项目准入、技改减排、原料替代、LDAR 管控、综合治理、加强日常巡察、夜查、回头看查、限期治理、停产治理等多种手段强力推进异味治理工作。进而完成了全区所有挥发性有机物排放企业的梳理排查工作，确定了 21 家企业为重点异味管控企业。并在此基础上，会同专家协助重点企业研究制定了“一企一策”分类整治方案，督促重点企业按照方案确定的内容及时间节点开展工作。具体措施如下。

锅炉整治。连云港开发区印发了《开发区高污染燃料锅炉整治工作方案（2017—2019）的通知》，对 10 t/h 以下的小锅炉进行了淘汰，对 35 t/h 的锅炉进行淘汰或者实施清洁能源改造，对 65 t/h 以上的锅炉全部实现超低排放，其余锅炉全部达到特别排放限值。连云港开发区在燃煤锅炉淘汰方面，在关停了全部 10 t/h 及以下燃煤锅炉的基础上，完成了 20 台燃煤、生物质及燃气锅炉的改造，实现了连云港杜钟新奥神氨纶有限公司分布式能源电站正式投入使用和黄化制钙公司燃煤设施停用，保留的鑫能污泥 75 t/h 燃煤锅炉完成了超低排放改造。日常工作做到加强巡察，强化监管，防止死灰复燃；继续推进散煤治理，开展禁燃区内整治煤炭销售专项行动，对区内散煤销售点进行了拉网式排查和整治，大幅减少了燃煤污染。

VOCs 综合治理。2017 年，《“十三五”挥发性有机物污染防治工作方案》指出要全面加强 VOCs 污染防治工作。2019 年，《重点行业挥发性有机物综合治理方案》指出要大力推进源头替代，全面加强无组织排放控制。连云港开发区制定了“两减六治三提升”VOCs 污染治理专项行动实施方案。开展 VOCs 综合治理“一企一策”管理办法，聘请专业机构对重点企业进行全面排查；在工业污染源 VOCs 治理方面，晨兴环保完成了锅炉改造，并实施了臭气治理工程，厂界异味问题明显改善。在集装箱、印刷包装、表面喷涂、加油站等行业中，35 家印刷包装、喷涂企业完成了原料替代工作，30 家企业完成了 VOCs 综合整治工作，21 家企业完成了泄漏检测与修复工作，15 家企业完成了挥发性有机物 LDAR 工作，9 家企业完成了排气口和厂界 VOCs 在线自动监测设施安装。全区 LDAR 系统平台已建成并实现 17 家重点企业联网，总投资 479 万元的、2 个主导上下风向的大浦片区边界 VOCs 自动监测站投入运行。

扬尘粉尘污染治理。2018 年，国务院印发《打赢蓝天保卫战三年行动计划》，指出要明显改善环境空气质量。连云港开发区实施“点位长”制，制订出台了《开发区国控点空气质量改善提升方案》和“蓝天保卫战”年度工作计划，落实了年度目标任务、责任部门及完成时间，并定期调度完成情况。对猴嘴、朝阳、大浦、中心区等重点区域污染源进行了扫描和溯源，协助朝阳街道论证各片区空气质量情况并迁移监测点位。开发区按照“一行一策，清理整治”的思路，分步推进国控点周边烟尘、粉尘治理。在扬尘粉尘烟尘污染治理方面，连云港开发区清理了“小散乱污”企业 400 余家，关停取缔了近 80 家无手续的搅拌站、石子厂、小砖厂，取得了明显成效。推进了工地扬尘管控，全区各工地基本实现喷淋、洒水抑尘设施全覆盖，“绿色施工”基本达标；规模以上建筑工地东庐小区、优步花园已建设在线扬尘监测和自动喷淋系统。

借助第三方力量。2017 年，连云港开发区启动了多年来一直在推进但没有结果的区域规划跟踪环评及环境风险评估工作，总结了前几年工作的经验，按照“分类管理、分类报批”的原则确定了工作方案，并通过招投标方式确定了技术支撑单位。借助第三方专业机构力量对开发区现有的产业布局、存在的环境风险进行了评估，及时对全区所有的挥发性有机物排放等企业进行了拉网式排查，以了解基本情况并确定重点管控企业名单。在此基础上，多次邀请专家与重点企业对接，了解其原料使用、工艺设备、废气来源及收集、处理等情况，协助企业排查存在的问题、评估治理效果。共排查企业 79 家，协助并督促 21 家挥发性有机物治理重点企业开展了“一企一策”治理方案的研究及整治工作，督促 32 家治理环境隐患重点企业完成了隐患排查及风险评估工作，全部超过了序时进度。2018 年，细化了连云港开发区产业投资项目准入评估细则和负面清单，规定所有入区项目均由项目准入评估领导小组牵头组织评估，明确单纯原料药生产项目和异味排放严重的工序严禁准入。按照动态更新的“一企一策，分类整治”方案，委托南京大学环境规划院有限公司和江苏智盛环境技术有限公司对全区 24 家重点挥发性有机物排放企业的治理情况进行了系统评估，出具了评估报告，梳理了问题清单，重新调整了开发区挥发性有机物重点管控企业清单，并督促列入清单的 30 家重点排放企业开展了自查评估。先后完成了 25 家挥发性有机物排放重点企业的“一企一策”制定，调查汇总了每家企业的异味来源、异味因子、异味治理情况、存在问题、下一步整改计划、整改督查计划等。同时还选取了典型样本，确定了将晨兴环保、中复神鹰、豪森原料药作为 2018 年度重点推进目标。

连云港开发区还印发了《开发区 2019 年度打好污染防治攻坚战工作考核细则》，对区各有关责任单位打好污染防治工作年度完成情况实施考核。2016—2019 年，开发区在经济持续增长、环境压力不断增大的态势下，主要大气污染物排放总量依然有所下降，其中二氧化硫排放量和排放强度实现了逐年双下降。二氧化硫排放量较 2016 年降低了 44.39%，单位工业增加值二氧化硫排放量下降了 56.25%；氮氧化物排放量降低 57.45%，单位工业增加值氮氧化物排放量下降了 67.62%；$PM_{2.5}$ 浓度由 2016 年的 44 μg/m^3 下降到了 39 μg/m^3。

2020 年以后，连云港开发区按照“精准管控、分类治理”的思路，以“5+2、白加黑、全天候”的硬措施，创新实施了“三位一体”治气攻略，一是围绕德源大气国控点位，重拳出击“治气”；二是强化工程治理，统筹面源“治气”；三是加强监测监控，精准科学“治气”。开展重点企业挥发性有机物新一轮提升改造、储罐改造项目、锅炉超低排放改造、餐饮油烟治理、清洁原料替代“回头看”项目、非道路移动机械及机动车尾气检测，推进居民实施“煤改气”，全面落实建筑工地扬尘管控“六个百分之百”要求，在区域边界及重点点位安装建设了空气微型站。根据气象条件，科学调配喷雾、洒水抑尘作业，对臭氧、$PM_{2.5}$ 进行协同管控，力求将污染消灭在萌芽阶段，全面改善环境空气质量，见专栏 4-1。加强异味治理，建设“大美大浦”，按照“一企一策，分类整治”的工作思路制定实施《大浦片区异味整治工作方案》。2022 年，连云港开发区的大气 $PM_{2.5}$ 平均浓度为 28.2 μg/m^3，较 2019 年下降了 27.7%，空气优良率达 83.5%，创造了有监测历史以来的最优水平。

专栏 4-1　大气治理工作亮点
连云港开发区按照“精准管控、分类治理”的思路，以“5+2、白加黑、全天候”的硬措施，以“专业化、主动型”的软服务，实施了大气“点位长”制度，对区内“小散乱污”企业加大整治力度，对医药、材料、化工等重点行业企业实施了综合治理、清洁原料替代、LDAR 等工程。

4.2.2　水污染防治

在国家生态工业园区建设初期，连云港开发区大力发展分质供水系统，推进管网改造建设项目，对初期雨水、微污染水等进行分流和分级综合利用。并会同区建设局对宋跳高新区、大浦工业区内 26 条道路的市政污水管网开展了全面排查，对发现的管网不通、管网脱节及雨污混流等问题进行了整修，使恒隆水务增加了进水量 1 850 t/d。针对泵站污水超标排放问题，不分昼夜对泵站、相关检查井及涉及工业废水企业开展了雨污管网情况调查，锁定了源头，完成了雨污混流问题整改。大力推进清洁生产工程项目。大浦工业区污水处理厂开展了提标改造工程，规模为 4.8 万 m^3/d，总投资为 0.40 亿元，COD 减排 864 t/a，氨氮减排 345.6 t/a。

着力建设再生水利用项目，有效将生活用水、污水、中水分类，通过不同管道进行无害处理和回收，推进中水回用和再生水利用项目的进展，形成较合理的中水回用系统。一是通过污水处理厂增设中水回用项目，如连云港恒隆水务有限公司投资了 0.15 亿元以开展 3 000 m^3/d 中水回用工程项目建设。项目以污水处理厂出水作为中水水源，然后经过超滤膜进行过滤，去除出水中残留的悬浮物，并且降低一部分 COD 等指标，最后利用加压泵向外供水。二是企业自身加强水处理技术，实现废水的回用，如三吉利化学工业有限公司投资了 0.02 亿元开展中水回用工程项目的建设，项目采用膜法对经过物化和生化降解后的废水进行了处理，设计进水水量为 20 m^3/h，回用水量为 14 m^3/h，该项目可以有效去除废水中的悬浮物和盐类，使产水达到回用水水质要求。

连云港开发区在经济发展迅速，新上项目较多的情况下，废水排放量由 2012 年的 733.48 万 t 下降至 2014 年的 477.42 万 t，同时随着清洁生产和节水减排力度的不断加大，COD 排放量稳中有降，COD 排放量由 2012 年的 500.53 t 下降至 2014 年的 313.32 t。

2015 年，“水十条”发布，指出要以改善水环境质量为核心，按照“节水优先、空间均衡、系统治理、两手发力”原则，系统推进水污染防治、水生态保护和水资源管理。

集聚区内的工业废水必须经预处理达到集中处理要求，方可进入污水集中处理设施，要全面加强配套管网建设，实行雨污分流。同年，江苏省人民政府也印发了《江苏省水污染防治工作方案》。连云港开发区深入落实省、市水污染防治工作方案要求，建立了区水污染防治联席会议制度，制订了《开发区 2016 年水污染防治工作计划》。邀请权威技术单位开展水体达标方案编制工作，完成了推进大浦工业区污水处理厂一级 A 提标改造工作，西北组团污水处理厂（现已更名为临港污水处理厂）2018 年已经正式投入运行，不断提升污水收集管网建设，做到"应接尽接"。

2017 年，新修订的《中华人民共和国水污染防治法》强化了地方政府责任，推行水环境质量责任制、河长制、限期达标规划、水环境质量监测等。连云港开发区完成了对区域生态功能有影响建设项目的摸底排查以及 120 家企业排口的排查和备案登记工作，推动 43 家企业实施了雨污分流改造工程，推动 14 家重点排污企业在雨水排口安装了污染物在线监测设备。完成了大浦调尾河水质达标方案和截污工程方案研究。完成了全区河流断面的水质监测、不明排口的封堵工作。开展了夜间环境监察，以及时掌握企业夜间生产状况、污染物排放情况；全年下达环境违法行为责令整改通知 56 份，有效促进了污染治理工作。

2018 年，连云港开发区完成了大浦河开发区段沿线 1.6 km 范围内的排口整治，完成了排淡河总磷来源调查，督促碱厂、墟沟污水厂等单位完善了尾水去向。在全区 19 条河流的 35 个断面建立了水质监测点，定期开展水质监测并通报相关部门。对排淡河支流涉及的各街道，参照省（市）的水环境区域补偿方案，实行区级水环境补偿，推动区域水环境质量持续改善。

2019 年，全区 54 家重点排水企业均按照"雨水明沟明渠收集、污水明管专管输送"和雨水、污水"明池集水+在线监测+自动连锁阀门"的模式完成了改造，23 家有动力排水设施安装了用电监管联网。投入 1 913.41 万元完成 19 个涉农村居的污水接管工作，铺设污水管网 46 km。每月对全区 19 条河流 35 个断面开展水质取样及监测，并根据监测结果分析污染源，实施相应整治。认真开展"双随机"日常检查，对超标排放行为严惩重罚。对排淡河支流涉及的各街道，参照省（市）的水环境区域补偿方案，实行区级水环境补偿，定期通报水质监测情况，推动区域水环境质量持续改善。

通过对排污口的整治工作，2019 年，大浦调尾河公路桥断面、排淡河经十五路桥断面的水质稳定达到Ⅴ类水考核标准，部分月份达到Ⅳ类水标准，大浦河大浦闸水质持续改善。

随着连云港开发区清洁生产和节水减排力度的不断加大，对制药行业进行废溶剂回收，回收具备综合利用价值的物料并降低 COD（专栏 4-2），实现 COD 排放量稳中有降，减轻了污水处理系统的压力。连云港开发区的单位工业增加值 COD 排放量由 2016 年的 0.07 t/万元下降为 2019 年的 0.03 t/万元。

专栏 4-2　废溶剂回收

江苏恒瑞医药股份有限公司的造影剂原料药在生产过程中会产生大量含碘的污水，直接排放至污水处理系统，会增加污水处理系统的处理负荷，同时碘离子对污水系统的微生物有一定的毒性作用，会影响污水处理系统生化微生物的生长，大量含碘污水的直接排放会影响污水处理系统的运行稳定性。浓缩原料为 0.1%～0.2%的含碘废水，混合污水温度为 70～80℃，开展浓缩工艺前需先进行降温，采用两级降温的方式，第一级为循环水降温，第二级为普冷降温，温度控制在 40℃以下。污水经过 0.45 μm 的袋式微滤器过滤后再进入浓缩间原料罐，开始进行浓缩，浓缩工艺为膜浓缩，浓缩过程为自动控制浓缩，浓缩过程产生的透过液通过水泵输送至污水调节池，污水浓缩达到浓缩倍数后获得 5%浓缩成品。该回收工艺使水中的 COD 下降了 30%，由于本项目主要浓缩回收的为有机碘，污水经过浓缩处理后，透过水的 COD 较原水下降了 30%，减轻了污水处理系统的压力，降低了污水处置费用。5%碘成品产能为 100 t/月，全年可以获得经济收入 250 万元。

2020 年，连云港开发区通过全流程治理（源头抓企业达标、过程抓设施完善、末端抓排口整治）、全要素管控（管网、泵站、污水处理厂、河道）、全天候巡察（白+黑、雨+晴、常+休）统筹推进水污染防治，见专栏 4-3。2021 年，连云港开发区实施建章立制，统筹推进水污染防治。编制实施了《开发区 2021 年度水污染防治计划》《国省考断面首季争优提升工作方案》《“一河一策”水质提升工作方案》等，强势推进实施“治水”项目，源头抓企业达标，对重点排水企业开展“水平衡”核查；中间重抓管网和水体整治，深入开展“三清一降”专项行动，整治管网破损和黑臭水体点位；末端抓排口整治和生态补水。在重点断面、污水提升泵站、污水管网设置自动监测站，实现了第一时间发现水质异常，第一时间追溯污染源，第一时间采取应急措施。2022 年，在深入排查溯源的基础上，以问题为导向科学制定了《开发区排涝涵闸、泵站拦蓄污水整治专项行动方案》《排淡河、凤凰河溯源整治工作方案》等，全年投入资金 5 000 万元用于 25 项水质提升工程，并以两张“责任清单”的形式印发，定期调度进展，确保各项目序时推进。严格落实“全流程、全要素、全天候”治水理念，主抓源头治理、重抓管网排查、加强排口整治；组织召开大浦片区重点涉水企业集中约谈会，加强宣传引导，提升环保意识；开展水环境专项夜查 50 余次，深入摸排重点企业排水情况，严肃查处相关环境违法问题。

专栏 4-3 “三全”理念治水
连云港开发区按照全流程治理（源头抓企业达标、过程抓设施完善、末端抓排口整治）、全要素管控（管网、泵站、污水处理厂、河道）、全天候巡察（白+黑、雨+晴、常+休）统筹推进水污染防治。

2022 年，大浦河大浦闸、东盐河公路桥 2 个国省考断面均为Ⅲ类水质；排淤河大板跳闸、烧香河烧香北闸 2 个断面为Ⅳ类水质，全部达到省考要求。

4.2.3 固体废物污染防治

（1）固体废物资源化

连云港开发区有两家固体废物综合利用企业，分别为晨兴环保和鑫能污泥。晨兴环保利用连云港市区和连云港开发区的生活垃圾及污水处理厂污泥发电，生活垃圾采用 BOT 模式，由市城管局环卫处统一收集。发电上网外供，产生的蒸汽为大浦工业园区（晨兴环保 8 km 范围内）的工业企业提供热源。同时，以连云港市区和开发区产生的餐厨垃圾为原料，通过处理餐厨垃圾最终转化为沼气、昆虫蛋白、有机肥及粗油脂。将沼气用于生产蒸汽及发电，将餐厨垃圾湿热水解所得的粗油脂作为生产生物柴油的原料外售，将餐厨垃圾经湿热水解后，经分离系统分离所得的固形物用于昆虫养殖，将昆虫活体作为昆虫蛋白外售，同时产生有机肥。

鑫能污泥利用污泥进行发电，污泥来源主要为连云港市区的连云港市墟沟污水处理厂、板桥污水处理厂、云通水务，还有大浦工业区污水处理厂、连云港市城南污水处理厂。垃圾焚烧产生的蒸汽供给开发区内工业企业，发电产生的灰渣卖给开发区外的盛通建材有限公司生产建材产品。

连云港开发区通过上述两家固体废物综合利用企业，建设了废物资源回收利用产业链，实现了连云港市区和连云港开发区生活垃圾、餐厨垃圾和城市污水厂污泥的有效处理处置。企业在采用先进工艺将废物中的资源和能源分级、分值回收利用的同时，实现了废弃物的减量化和无害化。

连云港开发区鼓励企业技术升级，加强对固体废物的回收利用水平，如杜钟氨纶公司自主研发了氨纶废丝循环利用再纺丝技术，对公司生产过程中产生的废丝进行回收，充分利用一般固体废物进行资源利用，在减少固体废物产生量的同时增加企业效益。对有机溶剂类型的危险废物，开展溶剂回收，减少需委外处理的危险废物产量。例如，豪森药业公司根据有机溶剂的特点，针对高于水的沸点、低于水的沸点的有机溶剂，采用超重力精馏机，对有机溶剂进行浓缩分离，下层有机溶剂作为危险废物委外处置，上层废水进入污水处理厂进行处理，有效减少了危险废物的产生量。乙腈废溶剂通过超重力和提纯，以及膜蒸馏的工艺流程回收，回收的乙腈套用回生产车间，实现有机溶剂的循环使用。超重力蒸馏设备的使用，每年可以处理各类高浓度有机废水 1.6 万 t，产出委外溶剂及固体废物 4 200 t，回收套用溶剂 270 t，大大节约了资源，减少了固体废物的处理成本，具有较大的经济效益。同时，粉煤灰、炉渣、污泥等均可在企业内或送到相关企业进行加工回用，连云港开发区工业固体废物保持了较高的综合利用水平，2022 年工业固体废物综合利用率为 90.52%，见专栏 4-4。

专栏 4-4　智能制造绿色工厂建设

江苏康缘药业股份有限公司构建了中药固体制剂生产一体化信息管控系统，其中环境智能监控系统实现了车间的健康安全环境监控，通过对生产全过程的控制，避免过度用水，实现节水减排。数字化提取工厂在生产过程中采用固液分离措施（提取后药渣、醇沉后沉淀等）减少废液排放，采用有机溶剂回收和废气处理等措施降低有机残液及废气排放。COD 排放量减少 20%，废气排放降低 40%，有机溶剂回收率超过 95%，每月节约生产成本 68 万元。将生产用工业蒸汽产生的冷凝水集中收集作为冬季空采暖热源，每月可减少空调电耗 88 560 kW·h；将温度降低后的冷凝水作为清洁用水、循环水系统补充用水等，实现冷凝水的二次、三次利用，此措施每月可减少自来水用量约 1 500 t。

（2）危险废物规范化管理

《“十二五”危险废物污染防治规划》指出要狠抓源头控制，进一步提高无害化利用处置保障能力，提升全过程监管能力。危险废物及放射源、辐射的监督管理是否到位，直接关系到连云港开发区的环境安全和人民群众的身体健康。2013 年，连云港开发区认真做好放射源和危险废弃物的管理工作，积极开展危险废物规范化整治工作，28 家产废企业全部实现了网上申报转移，申报转移管理覆盖率为 100%。同时还根据省环保厅、市环保局的工作要求对连云港开发区的危险废物规范化管理进行了专项检查，指导 10 家省级以上危险废物重点监控企业安装了视频在线监控。同时，对区内 4 家社区医院的Ⅲ类射线装置和 2 家涉及辐射源企业严格按照频次要求执行了现场检查并进行了年度评估。

2015 年，环境保护部印发《危险废物规范化管理指标体系》。2016 年，连云港开发区完善工作机制，指定专人负责辖区内涉危企业的各项监督和管理工作。努力在网上动态申报、危险废物规范化管理、危险废物妥善转移、无害化处置方面加强监管。在江苏省人民政府办公厅举办危险废物环境管理培训的基础上，连云港开发区专门组织了区内产废企业开展集中培训并部署了工作要求。

2017 年，连云港开发区进一步加强了危险固体废物的规范化管理工作。按照规范化指标体系对区内 33 家产废单位进行了现场检查，全区危险废物均实现了网上申报转移，产废企业通过市内、跨市、跨省转移危险废物超 2 000 t，有效地缓解了区内危险废物长期贮存所带来的压力。2018 年，按照“一企一档、精准服务”的思路，全力做好危险废物的规范化管理。通过搭建交流平台、定期回访、难题会办、服管并举等措施，及时了解产废及处置市场情况，督促企业合法有效处置危险废物。定期召开对接会通报情况，交流处置经验、渠道和价格，提升服务能力。完成了 37 家产废单位的危险废物来源、数量、处置单位、处置方式、存在问题调研，形成了“一企一档”危险废物管理台账并每月一更新，以便及时解决企业存在的问题。

连云港市还为新医药产业发展配套了集中危险废物处置利用企业，可为危险废物类别为 HW01（医疗废物）、HW02（医药废物）、HW03（废药物、药品）等危险废物提供焚烧、综合利用、填埋等多方式、全方位服务。2019 年，在省、市两级危险废物专项督查中，连云港开发区规范化管理抽查合格率均达 100%，在危险废物“去库存、降风险”方面，组织省内外 13 家危险废物处置中心和连云港开发区产废企业召开了供需交流对接会，建立了长期交流平台。另外，针对神鹰、豪森等重点库存企业主动跟处置中心、上级部门沟通协调，督促企业加快转移处置。

2020 年，新修订的《中华人民共和国固体废物污染环境防治法》指出要强化产生者责任。于是连云港开发区编制并印发了《开发区危险废物处置专项整治实施方案》，要求全区 61 家危险废物产生企业均建立精细化“一企一档”管理体系，全部签订危险废物环境守法主体责任承诺书。之后，连云港开发区深入推进危险废物“一企一策”精细化管理，以“三化一提升”为抓手，大力推进危险废物全生命周期规范化管理和风险管控，见专栏 4-5。2022 年，连云港开发区的企业危险废物规范化管理考核达标率为 100%，在市级督查考核中评定为优秀。

专栏 4-5　以“三化一提升”为抓手实现危险废物规范化管理
连云港开发区建设了废物资源回收利用产业链，实现了连云港市和连云港开发区生活垃圾、餐厨垃圾和城市污水厂污泥的有效处理处置。危险废物产生企业均建立了精细化“一企一档”管理体系，全部签订了危险废物环境守法主体责任承诺书。以“三化一提升”为抓手，大力推进危险废物全生命周期规范化管理和风险管控。

4.2.4　生态建设

2015 年，江苏省人民政府印发《江苏省水污染防治工作方案》，指出要按照系统治理、源头减排、过程控制、统筹建设原则，系统推进海绵城市建设。2016 年，连云港开发区创智绿园项目成功申报“海绵城市”示范项目，公园在设计上充分体现了渗、滞、蓄、净、用、排等“海绵城市”要求。同时，充分考虑了公园自有的功能性、生态性、科学性与艺术性相结合等特点，因地制宜适地适树进行苗木搭配。在功能分布上分为娱乐休闲区、滨湖景观区、文化展示区、林荫漫步区、综合运动区。

连云港开发区积极推动港产城一体化研究，实施道路及环境改造提升，规划建设口袋公园。2022 年，实施了昌圩湖体育公园、开发区猴嘴中心片区生态防护林绿化工程以及新改建道路配套绿化项目等绿化工程，新增绿化面积 23.2 万 m^2。积极推进绿化景观提升，开展大浦片区和自贸片区绿化景观提升项目，完成绿化提升面积超过 6 万 m^2，栽植时令鲜花 3.2 万 m^2。加强日常绿化考核，对全区 984 万 m^2 绿化养护效果进行检查，督促管养单位及时整改现场问题，下发绿化养护扣款单 400 份，扣款金额 120 万元，确保绿化养护覆盖率 100%。

4.3　园区生态环境治理工作展望

连云港开发区经过 10 余年的发展，生态环境质量得到大幅改善。目前，我国生态环境保护迈入了新的阶段，面临新形势，园区要紧跟国家政策方针，坚决落实国家生态环境保护重点举措，以清洁生产审核创新试点创建工作为契机，继续深化园区生态环境治理，大力推动园区绿色发展，形成行业清洁化改造、绿色化改造和深入打好污染防治攻坚战的有效支撑，聚焦质量，全面提升生态环境。

4.3.1 大气环境治理

在大气环境治理方面，臭氧污染治理是新阶段大气治理的重要工作。园区需持续加强臭氧前体物VOCs的治理管控工作，持续推动VOCs排放企业重点场所VOCs无组织排放收集处理，严格按照“一企一策”全面提升废气治理水平，在全面达标排放的基础上加强厂界周边异味整治。

开展燃煤锅炉、燃气锅炉及工业炉窑烟气排放专项行动及“回头看”工作，强化VOCs、氮氧化物等多污染物协同减排，从根源遏制臭氧的产生。推进建设臭氧与$PM_{2.5}$协同监测网络，在中心区、大浦片区等重点区域的上、下风向及靠近居民区处设置空气标准监测站，购买红外线扫描仪等先进设备，不断提升大气治理智能化科学水平。

深入督查建筑施工工地，严格落实扬尘管控“六个百分之百”的硬性要求；严格落实裸地和物料堆场遮盖措施，增加道路湿扫、洒水频次，有效控制道路扬尘污染；做好渣土车、商砼车规范化管理，严格落实密闭、冲洗、限速等要求，严禁车辆带泥上路。

4.3.2 水环境治理

在水污染防治方面，党的二十大报告明确提出要开展新污染物治理。园区根据《国务院办公厅关于印发新污染物治理行动方案的通知》要求，结合园区实际，开展重点化学物质使用情况调查，对重点企业及周边环境等开展环境调查监测。研究制定园区新污染物调查监测方案，按计划开展新污染物治理工作。

加强重点排污企业监管，强化企业源头管控，推进大浦片区重点排污企业“一企一策”工作，确保污水排放全面达标。持续完善企业废水处理系统、雨污水排口、河道监测预警体系，实现水质异常“第一时间发现、第一时间响应、第一时间溯源、第一时间处置”。

4.3.3 固体废物治理

在固体废物污染防治方面，贯彻“无废城市”的理念，不断提升技术水平，从源头减少固体废物的产生。面对自然资源枯竭的难题，物质循环已由“原生资源”转为“原生资源+再生资源”的模式，园区将继续加强固体废物资源化水平，统筹建设资源循环链条。在固体废物管理方面，需要进一步详细整理固体废物的产生量、可资源化、流向等信息，为建立园区生态工业链提供有力支撑和保障。

持续加强危险废物规范化管理，以“三化一提升”为抓手，大力推进危险废物全生命周期规范化管理和风险管控，实施危险废物“降库存、控风险”专项行动，深入推进连云港开发区产废企业“一企一策”精细化管理。动态更新全区土壤污染重点监管名录，持续跟进土壤污染隐患排查进度。

4.3.4 生态建设

深入推进产城融合。推动产业和城市并进，完善基础配套，打造产城融合发展新样板，大力建设现代化新港城几何中心。建立高标准、高品质、高要求的基础配套设施，实施老旧小区专项整治行动和“大美大浦”建设，进一步完成猴嘴旧城改造任务，加快汇聚人流、物流、资金流、信息流，持续集聚人气商气。重点实施“治乱拆违、街净巷洁、路畅桥通、整墙修面、灯明景亮、城绿水清”六大工程，积极推进口袋公园规划建设，常态推进河道清淤和景观绿化工程，持续提升绿化、美化、亮化、净化、精准化运营水平（图 4-1）。

图 4-1　连云港开发区生态建设

第5章

能源及碳排放

5.1 国家节能降碳相关政策

我国节能降碳相关政策的主题从“节能降耗”逐渐演变为“低碳”发展并过渡到如今的“双碳”。对过往政策进行脉络梳理和经验总结有助于推进今后“双碳”政策体系的建设，加速推动减碳工作的有效运行。30 多年来我国节能降碳政策体系不断进行改革和完善，在坚持节能优先的前提下，调整能源战略并采取措施防治污染，从采取单一的行政命令控制手段到重视市场化调节机制的重要作用，在节能降碳方面取得了一定的成效。

5.1.1 发展萌芽阶段（1980—1994 年）

20 世纪 80 年代，我国工业发展开始起步，能源就成为经济发展中的突出问题，国家开始重视能源节约和能源管理，采取了一系列的政策和措施促进能源的合理开发和利用，同时关注环境污染的治理。发展萌芽阶段确定了能源节约的战略地位，以行政手段为主，初步建立了节能体系，加强了节能的技术改造。

1980 年，《关于加强节约能源工作的报告》颁布，强调把能源的节约放在优先地位，加强能源管理，节能作为专项工作纳入国家管理范畴。[21] 1986 年，国务院发布了《节约能源管理暂行条例》，成为我国出台的首个全面指导节能工作的政策文件。[22] 该政策制订了企业节能水平相应的考核标准，并实施了能源利用状况的监督，推进了节能管理法规体系的建设。

1984 年发布的《节能技术政策大纲》提出要依靠技术进步降低能源消耗，长期大力开展和实施节能技术改造。当时，我国节能工作以提高用热和用电效率为重点，以实施热电联产、集中供热、提高工业锅炉和窑炉效率、余热回收利用、推广节能设备、节能建筑等技术要点，改造耗能工艺设备，提高用能技术水平。发展萌芽阶段的主要节能降碳政策见表 5-1。

在发展萌芽阶段，我国处在计划经济到市场经济的转型时期，主要采取了节能条例、加价收费等行政措施和强制性命令来推动节能降耗的工作。[23] 国务院先后发布了压缩工业锅炉和工业窑炉烧油、节约用电、节约成品油、节约工业锅炉用煤、发展煤炭洗选加工合理用能 5 个节能条例，开始在行政法规层面规制节约能源。在国家宏观政策的引导下，上海、浙江、辽宁等各地也制定了相应的节能管理办法，对不合理利用能源的行为进行限制。1981 年发布的《超定额耗用燃料加价收费实施办法》规定，对燃料消耗超过定额的企业收取 50%的加价费用，作为节能措施费用的补充。

表 5-1 发展萌芽阶段的主要节能降碳政策

年份	政策	重点内容
1980	《关于加强节约能源工作的报告》	压缩不合理烧油；减少成品油消耗；节约煤炭、燃料油、焦炭；节约用电；降低能源生产部门的自用量和损耗
1981	《超定额耗用燃料加价收费实施办法》	对超额燃料消耗加价收费，补充节能费用
1984	《中国节能技术政策大纲》	大力开展节能技术改造；加强能源管理；改善节能管理体制；发展节能服务
1986	《节约能源管理暂行条例》	完善节能技术政策；对节能技术改造采取扶持政策；加快节能法规、标准、规范的制定；逐步建立能源信息系统

为了推动节能降碳工作的进行，我国采取了市场激励手段加强企业的节能基建和技术改造，通过节能投资和信贷优惠等方式，为节能降耗的市场化机制奠定了基础。1983 年我国曾实施了节能技术改造专项贷款的“拨改贷”，[24]将最初由财政拨款的节能基建投资改为年息仅为 2.4%的低息贷款，远低于当时年息为 5%的一般商业贷款年利率，鼓励企业以节能降耗为重点研究和开发节能技术。

5.1.2 发展改革阶段（1995—2007 年）

在发展改革阶段，节能降耗成为我国低碳发展的基本国策。坚持节能优先，开始将能源作为经济发展的战略重点，重视能源结构的调整。我国形成了以节能法律法规为主体、以相关能源单行法和节能措施为支撑的节约能源法律框架体系。

1997 年 11 月 1 日，第八届全国人民代表大会常务委员会第二十八次会议通过了《中华人民共和国节约能源法》（以下简称《节能法》，2018 年进行了修正），明确节约能源是国家经济发展的一项长远战略方针，要求加强节能工作，合理调整产业结构和能源消费结构，挖掘节能的市场效益。[25]《节能法》是我国社会经济史上的里程碑，自此节能减排成为我国的基本国策，为节能提供了法律保障，进一步夯实了节能管理的政策体系建设。

2004 年发布的《能源中长期发展规划纲要（2004—2020 年）》（草案）是我国开始

制订长期能源规划的开端，强调要继续坚持把能源作为经济发展的战略重点，以能源的可持续发展和有效利用支持我国经济的可持续发展。1995 年，国务院颁布了《1996—2010 年新能源和可再生能源发展纲要》，表明国家开始重视新能源和可再生能源的发展。鼓励开发风能、太阳能和地热能等清洁能源，积极发展可再生能源，促进能源结构的优化。[26] 发展改革阶段的主要节能降碳政策见表 5-2。

表 5-2 发展改革阶段的主要节能降碳政策

领域	年份	法律法规及政策	重点工作
节能管理	1997	《中华人民共和国节约能源法》	制定节能标准与能耗限额，淘汰落后高能耗产品，降低单位产值能耗和单位产品能耗，改善能源的开发、加工和供应
	1999	《重点用能单位节能管理办法》	加强重点用能单位的节能管理，提高能源利用效率，控制能源消费总量
	2006	《国务院关于加强节能工作的决定》	坚持开发与节约并举、节约优先的方针，大力推进节能降耗
	2007	《国务院批转节能减排统计监测及考核实施方案和办法的通知》	切实做好节能减排统计、监测和考核各项工作
能源规划	1995	《1996—2010 年新能源和可再生能源发展纲要》	因地制宜开发和推广清洁能源，加强新能源和可再生能源的科研和示范，促进产业化建设
	2004	《能源中长期发展规划纲要（2004—2020 年）》（草案）	调整和优化产业结构，推动技术、体制和管理创新
	2007	《能源发展“十一五”规划》	加快可再生能源的发展，促进资源节约和环境保护，积极应对全球气候变化

国家开展重点能耗单位节能管理。1999 年颁布的《重点用能单位节能管理办法》要求省级节能主管部门加强对年耗能 5 000 t 标准煤以上重点用能单位的节能监管，对节能考核结果为未完成等级的重点用能单位，应当责令其实施能源审计、报送能源审计报告、提出整改措施并限期整改。做好节能监测、产品能耗限额管理和限期淘汰等工作，有助于控制能源消费总量，提高能源使用效率。

加快淘汰落后产能，严控“双高”行业过快增长。2005 年，我国开始了以节能降耗为主要工作任务的新政策体系，明确下达了淘汰落后产能的任务，公布了淘汰落后产能企业名单，严控高耗能、高排放和产能过剩行业扩大产能项目。同时，对未按期完成淘汰落后产能任务的企业，依法吊销排污许可证、生产许可证、安全生产许可证，不予审批和核准新的投资项目。[27]此举有利于推动产业结构转型升级，对我国产业结构的优化调整起重要作用。

强化了节能降耗的目标责任制。2006 年发布的《国务院关于加强节能工作的决定》，对各地区的节能任务进行了部署，落实了节能减排目标责任制，要求将单位 GDP 能耗下降指标纳入各地经济社会发展综合考核体系，对地方各级人民政府实行节能工作问责制。目标责任制度将节能目标按地区进行分解，是中国政府推进节能的创新性举措之一，加强了地方节能责任意识，强化了节能降耗的目标责任制度。

5.1.3 深化改革阶段（2008—2016 年）

在全球气候变化形势严峻、低碳发展也被提上日程的情况下，节能减碳成为重要任务。在深化改革阶段，我国进一步加大了能源体系改革力度，通过开发利用可再生能源进一步优化能源结构，鼓励利用低碳技术，提高减碳效率。

2008 年修订后的新《节能法》制定了节能管理的一系列细化方针，进一步明确节能执法主体和重点用能单位节能义务，强化节能法律责任。在新法中，政府机构也被列入监管重点，我国的节能政策体系得到了完善。

2014 年《政府工作报告》中明确规定了当年能源消耗强度要降低 3.9%以上，进一步加大了节能减排工作的力度。2016 年发布的《“十三五”节能减排综合性工作方案》也明确了今后节能减排的重点领域，确保完成“十三五”节能减排约束性目标，经济发展不以环境恶化为代价，为生态文明建设提供有力支撑。

2014 年年底，国务院颁布的《能源发展战略行动计划（2014—2020 年）》提出以电力为中心的能源消费结构调整，降低煤炭消费比重，提高天然气消费比重，重视和大力发展风电、太阳能、地热能等可再生能源。

2011 年的《“十二五”控制温室气体排放工作方案》明确了我国控制温室气体排放的总体要求和重点任务；指出要综合运用各种手段加强低碳技术的研发，推广一批具有良好减排效果的低碳技术和产品，大力推进节能降耗；要求各低碳试点地区因地制宜探索低碳发展模式，研究制定支持试点的财税、金融、价格等方面的配套政策，形成低碳发展的政策体系，推动我国的低碳化进程。深化改革阶段的主要节能降碳政策见表 5-3。

表 5-3　深化改革阶段的主要节能降碳政策

领域	年份	法律法规及政策	重点工作
节能管理	2008	《中华人民共和国节约能源法》	建立和推动节能减排市场化机制；落实和完善节能减排支持政策；加强节能管理，强化节能目标责任考核
	2014	《政府工作报告》	加大节能减排力度，控制能源消费总量；提高非化石能源发电比重；发展清洁生产、绿色低碳技术和循环经济
	2016	《“十三五”节能减排综合性工作》	优化产业和能源结构；加强重点领域节能；强化主要污染物减排；强化节能减排技术支撑和服务体系建设
能源规划	2008	《可再生能源发展“十一五”规划》	指导可再生能源开发利用，引导可再生能源产业发展
	2014	《能源发展战略行动计划（2014—2020 年）》	推进煤炭清洁高效开发利用，严格控制能源消费过快增长，大力发展可再生能源
低碳发展	2007	《中国应对气候变化国家方案》	坚持减缓与适应并重的原则，控制温室气体排放，加强气候变化的科学研究与技术开发
	2011	《“十二五”控制温室气体排放工作方案》	综合运用优化能源结构、增加碳汇等多种手段，开展低碳试验试点，加强低碳技术研发和推广应用，加快建立以低碳为特征的产业体系，提高应对气候变化能力

加大节能降耗的财政投入力度，用于支持重点节能工程的建设。“十一五”期间，中央财政在节能技术改造资金上投入了超过 300 亿元，支持重点节能工程项目，形成了约 1.6 亿 t 标准煤的节能能力，对实现我国的节能目标发挥了重要作用。2007 年中央财政设立了节能减排专项资金，安排预算 235 亿元，2008 年增加至 270 亿元，主要投入节能技术升级和淘汰落后产能上。

将税收优惠和税费改革贯穿节能工作。新《节能法》中明确表示，对列入推广目录的节能技术、节能产品实行税收优惠，促进了我国节能目标的实现。过去的节能减排税收优惠政策局限于企业所得税、消费税等环节。为鼓励企业加大节能技术改造的工作力度，对节能服务公司实施的合同能源管理项目暂免征收营业税和增值税。《关于印发“十二五”节能减排综合性工作方案的通知》明确了积极推进资源税费改革，将原油、天然气和煤炭资源税计征办法由从量征收改为从价征收并适当提高税负水平；积极推进环境税费改革，选择防治任务重、技术标准成熟的税目开征环境保护税；调整进出口税收政策，控制高耗能、高排放产品的出口。

加强价格机制在节能减碳中的激励约束作用。2010 年，我国在实施差别电价政策的基础上，进一步提高了限制类和淘汰类企业电价，首次提出对能源消耗超过规定限额标准的企业实行“惩罚性电价”，各地可在国家规定基础上，按程序加大差别电价、惩罚性电价实施力度。我国对可再生能源价格实施价格激励政策，例如对可再生能源发电按照规定的上网价格实行全额强制性收购，保证适当的投资回报。

在金融政策方面，增强绿色信贷支持和能效指引。2010 年，中国人民银行、中国银监会提出意见，要求严控高耗能、高污染企业的信贷投入，加大对环保企业和项目的信贷支持力度，改善环保领域的直接金融服务等。2015 年，中国银监会、国家发展改革委联合印发了《能效信贷指引》，指导银行业金融机构通过提供信贷融资支持用能单位提高能效、降低能耗。金融政策是国家要求开拓创新的节能减排政策之一，能够助推企业创新绿色信贷产品，强化绿色信贷与市场化的互补机制。

5.1.4 从“低碳”到“双碳”（2016 年至今）

随着气候变化成为全人类共同的议题，碳排放成为世界各国关注的焦点。在 2020 年的气候雄心峰会上，我国出于大国责任担当、贯彻可持续发展理念及保护生态环境的需要，正式提出了“双碳”目标。相应地，我国的政策重点也从“低碳”目标转向了“双碳”目标。

推动化石能源的清洁化使用。由于煤炭等一次能源在使用过程中易产生污染与碳排放，因此提升非化石能源占比、强化一次能源的清洁使用成为重要工作。2017 年，国家发展改革委发布《能源生产和消费革命战略（2016—2030）》，提出非化石能源消费比重要由 2020 年的 15%提升至 2030 年的 20%，到 2050 年提升至 50%，“煤炭清洁高效利用”被列入“面向 2030 国家重大项目”。

大力优化能源结构，提升非化石能源比例。优化能源结构是实现“双碳”目标的重要途径。2020 年 12 月的全国能源工作会议提出要加快风电光伏发展，大力提升新能源消纳和存储能力。《2030 年前碳达峰行动方案》将能源绿色低碳转型作为重点任务，提出推进煤炭消费替代和转型升级、大力发展新能源、合理调控油气消费、加快建设新型电力系统。《关于完整准确全面贯彻新发展理念做好碳达峰碳中和工作的意见》（以下简称《意见》）提出，2030 年我国非化石能源消费比重须达到 25%左右，2060 年须达到 80%及以上，同时要加快构建清洁低碳安全高效的能源体系，严格控制化石能源消费，不断提高非化石能源消费比重。

碳交易成为重要的市场化降碳手段。2017 年，国家发展改革委印发《全国碳排放权交易市场建设方案（发电行业）》，正式启动了全国碳排放交易体系建设工作。截至 2022 年 12 月 22 日，全国碳排放权交易市场累计成交额突破 100 亿元大关。

绿色金融为降碳工作提供助力。2016 年，中国人民银行、财政部等联合印发的《关于构建绿色金融体系的指导意见》，提出了我国第一个较为系统的绿色金融发展政策框架。[28]我国在绿色金融产品与政策工具等领域取得了诸多进展，到目前已经围绕绿色信贷、绿色债券、绿色股票、绿色保险、绿色基金与碳金融等建立了多层次的绿色金融市场，并匹配了相应的政策支持，是全球首个构建了较为完善的绿色金融政策体系的国家。“双碳”阶段的主要政策见表 5-4。

表 5-4　“双碳”阶段的主要政策

领域	年份	相关政策	重点工作
能源结构	2017	《能源生产和消费革命战略（2016—2030）》	明确能源革命战略目标，推动化石能源清洁化和能源消费革命
	2021	《关于完整准确全面贯彻新发展理念做好碳达峰碳中和工作的意见》	厘清“双碳”具体目标和实施方案，有序推进节约能源和减污降碳工作，形成“1+N”的政策体系
碳交易与绿色金融	2008	《关于构建绿色金融体系的指导意见》	通过发展金融产品和服务、实施相关政策工具支持我国经济的绿色转型，构建更好的绿色金融投资环境
	2014	《全国碳排放权交易市场建设方案（发电行业）》	加快推进碳交易市场建设，扩大市场覆盖行业范围，丰富交易品种和方式

本轮政策以“双轮驱动”为主要特点，政府与市场同步进行。在政府方面，主要通过能源领域更加严格的控制型指令约束高耗能、高排放行业发展，进而推动产业结构升级。能耗“双控”政策要求对新增能耗 5 万 t 标准煤及以上的“双高”项目加强窗口指导，对不符合要求的项目严格把关，且不予提供信贷支持。在工业领域，对新建、扩建钢铁、水泥、平板玻璃、电解铝等项目严格落实产能等量或减量置换，出台煤电、石化、煤化工等产能控制政策。高耗能、高排放项目准入标准的提高也帮助各行业控制产能，逐步解决产能过剩问题，优化整体产业结构。

在市场方面，进一步完善投资政策、财税价格政策、碳排放市场等市场化机制，从而推动碳减排。在投资政策方面，在政府引导下构建低碳相关的投融资体系，加大对碳中和相关绿色低碳投资项目的支持力度，为市场主体的绿色低碳投资增添活力。在财税价格政策方面，以加大对绿色低碳产业发展、技术研发的财政投入为主要手段，广泛推行绿色采购制度，助力企业高效生产绿色低碳产品和开发技术；同时，碳交易是核心市场调节机制，通过优化配置碳排放资源，为排放实体提供经济激励，以低成本完成碳减排目标。[29]目前电力行业已率先被纳入全国碳交易市场，并向其发放了碳排放配额，未来化工、建材、钢铁等高耗能行业也将逐渐进入。碳市场机制有利于淘汰落后产业，实现产业优化升级，也能够倒逼企业使用新能源，减少对碳排放权的需求，从而达到节能降碳的效果。

5.2 江苏省节能降碳相关政策

2000 年，江苏省第九届人民代表大会委员会通过了《江苏省节约能源条例》，从节能管理、合理使用能源、节能技术进步等方面提出了江苏省的节能工作规定。根据国家新的节能形势和工作要求，该条例经过数次修订，成为全省实现节能降耗的必要法律保障。在该条例的基础上，江苏省又在节能减排改造、能源结构调整、能源管理及碳达峰碳中和等方面积极开展了相关工作。

5.2.1 节能减排改造

《江苏省“十二五”节能规划》提出，要对工业重点领域（如电力、钢铁、石化化工等）开展节能工艺技术改造，推广使用高效节能技术。

2014 年 11 月，江苏省发展改革委、环境保护厅印发《江苏省煤电节能减排升级与改造行动计划（2014—2020 年）》，提出要推进燃煤发电升级和改造，实现供电煤耗、污染排放、煤炭占能源消费比重“三降低”和安全运行质量、技术装备水平、电煤占煤炭消费比重“三提高”，打造高效清洁可持续发展的煤电产业“升级版”。该行动计划从加强新建机组准入控制、加快现役机组改造升级、优化电力调度运行方式、推进先进创新技术应用和完善节能环保政策措施等方面实施。

为了贯彻落实该项行动计划，江苏省发展改革委、环境保护厅、经济和信息化委员会联合印发了《关于组织编制煤电节能减排升级与改造实施方案和年度实施计划的通知》。在此基础上，江苏省内有关发电企业上报了《煤电节能减排升级与改造实施方案》和《2015 年度实施计划》，经过研究又印发了《江苏省煤电节能减排升级与改造实施方案（2014—2018年）》和《江苏省煤电节能减排升级与改造2015年度实施计划》，要求落实改造任务，严格改造标准，加快改造进度。2016年，又印发了《江苏省煤电节能减排升级与改造实施方案（2016—2017年）》和《江苏省煤电节能减排升级与改造2016年度实施计划》，以持续开展煤电的节能改造升级工作。

2018年，江苏省发展改革委印发的《关于请报送2018年煤电淘汰落后产能计划暨梳理30万千瓦以下煤电机组情况的通知》，要求认真落实“淘汰关停不达标的30万kW以下煤电机组”，全面梳理现役30万kW以下煤电机组情况，筛选确认不达标机组，并按照有关要求，明确淘汰关停不达标煤电机组目标和关停计划。

2022年，江苏省发展改革委发布了《关于印发江苏省高耗能行业重点领域节能降碳技术改造总体实施方案的通知》，提出到2025年，全省高耗能企业重点领域能效力争全部达到基准水平，行业整体能效水平明显提升，碳排放强度明显下降，绿色低碳发展能力显著增强。为贯彻落实该总体实施方案，江苏省发展改革委发布了《关于印发江苏省高耗能行业重点领域企业技术改造实施方案的通知》，对重点行业、重点领域的能效水平提出了具体指标，强化了重点领域企业技术改造的重点任务。同年，江苏省工业和信息化厅发布了《关于印发江苏省工业领域节能技改行动计划（2022—2025年）的通知》，对工业领域的节能技术改造项目进行了分工部署。

5.2.2 能源结构调整

2014年，《江苏省发展改革委关于促进风电健康有序发展的意见》中提到，要充分认识风电在江苏省可再生能源发展中的主体地位，正确把握风电发展重点方向，切实加强风电规划计划工作，扎实做好风电项目的前期工作，切实做好风电项目核准工作，重点加强事中事后监管，建立健全考核机制。2016年，为落实该意见的相关要求，江苏省发展改革委发布了《江苏省发展改革委关于印发2016年风电开发建设方案的通知》，明确了2016年风电项目核准计划备选项目，按照国家陆上风电项目实行年度规模管理的规定，全省将各地上报的陆上风电项目统一纳入备选项目，并实行滚动调整机制。由省电力公司加强对接，落实电网接入，及时办理相关手续，加快配套电网送出工程建设，确保风电项目建设与配套电网同步投产和运行。

2014年，江苏省发展改革委发布了《关于资源综合利用发电项目建设规划建设有关要求的通知》，提出江苏省内工业生产过程中产生的余热、余气、余压资源综合利用发电，并于 2016 年发布了《江苏省资源综合利用发电规划编制大纲》，到 2022 年，江苏省共有近 20 个市编制了资源综合利用发电规划并获得批复，能源结构调整中余热、余压、余气发电工作得以顺利推进。

2016 年，江苏省发展改革委发布了《江苏省“十三五”可再生能源发展专项规划》，提出要规模化推进风电发展，多元化推进太阳能发展，多形式推进生物质能源化利用，加大力度提高调峰能力，多层次推进示范建设。

2018 年，江苏省发展改革委印发了《关于促进分布式能源微电网发展的指导意见》，提出要加快可再生能源和分布式能源的融合发展，建立多能互补、供需互动、高效配置的能源生产与消费模式，率先构建清洁低碳、安全高效的现代能源体系。

2022 年，江苏省发展改革委发布了《江苏省“十四五”可再生能源发展专项规划》，提出要在“十三五”的基础上，稳妥推进风电发展，因地制宜发展光伏发电，多元化发展生物质发电，科学有序开展抽水蓄能，高效多元化推动非电利用，构建新型电力消纳机制，完善市场化发展新机制，提升产业创新发展能力。

2023 年，江苏省发展改革委发布了《江苏省海上光伏开发建设实施方案（2023—2027 年）》，提出打造千万千瓦级海上光伏基地，集约推进海上光伏开发建设，有效促进海上光伏健康可持续发展，助力构建沿海地区新型能源体系，积极发挥共享储能作用，全力打造生态友好海上光伏新模式，着力推动沿海产业绿色低碳发展。

5.2.3 能源管理

2016 年，《江苏省发展改革委关于印发江苏省热电联产项目管理暂行办法的通知》提出，热电联产规划是核准热电联产项目的重要依据。热电联产项目应当符合项目所在区域热电联产规划，在规划指导下，依据用热需求逐步实施。到 2022 年，江苏省各市结合自身发展需求均开展了热电联产相关规划，为各地热电联产的稳步实施提供了依据。

随着电力市场化改革的不断深化，已有的燃煤发电标杆上网电价机制已难以适应形势发展的需要，因此必须加快推进燃煤发电上网电力价格市场化改革。2019 年，《江苏省发展改革委关于印发〈江苏省深化燃煤发电上网电价形成机制改革实施方案〉的通知》，将现行燃煤发电标杆上网电价机制改为“基准价+上下浮动”的市场化价格机制。

2020 年 9 月，江苏省发展改革委印发了《关于进一步促进煤电企业优化升级高质量发展的指导意见》，支持大型燃煤发电企业通过“厂用电接入、平价上网”模式就地建设光伏发电项目，取得了良好的预期效果。2021 年 8 月，《江苏省发展改革委关于支持省内各类公用发电企业就地建设平价上网光伏发电项目的通知》提出，要充分利用各类公用发电企业的送出和调峰资源，积极支持企业利用厂区红线范围内闲置地面和建筑物屋顶就地建设平价上网光伏发电项目，由电网企业保障并网消纳，上网电量由电网企业收购。平价上网光伏发电项目上网电价按全省燃煤发电基准价执行。

5.2.4 碳达峰碳中和

2021 年 5 月 13 日，江苏省生态环境厅《关于印发〈省生态环境厅 2021 年推动碳达峰碳中和工作计划〉的通知》提出，要推进关停整合苏南地区 30 万 kW 及以上热电联产机组供热半径 30 km 范围内（其他地区 15 km 范围内）燃煤锅炉和落后燃煤机组；大力推进可再生能源发展；2021 年，全省风电装机增加 400 万 kW，光伏装机增加 300 万 kW；组织 220 家电力企业参加全国碳排放权交易，开展碳捕集和利用试点；调研华电句容电厂碳捕集、利用与封存（CCUS）技术运用情况，跟踪国电泰州电厂 CCUS 项目进度，形成专题调研报告；鼓励大型电力企业开展碳捕集试点。

2022 年 1 月 15 日，江苏省委、省政府印发的《关于推动高质量发展做好碳达峰碳中和工作的实施意见》中提出，到 2025 年，绿色低碳循环发展经济体系初步形成，重点行业能源利用效率达到国际先进水平，二氧化碳排放增量得到有效控制，美丽江苏建设初显成效。单位地区生产总值能耗、单位地区生产总值二氧化碳排放、非化石能源消费比重完成国家下达目标任务，森林覆盖率持续提升，为实现碳达峰碳中和奠定坚实基础。到 2030 年，经济社会绿色低碳转型发展取得显著成效，清洁低碳安全高效能源体系初步建立，减污降碳协同管理体系更加完善，美丽江苏建设继续深入，争创成为美丽中国建设示范省。单位地区生产总值能耗、单位地区生产总值二氧化碳排放持续下降，非化石能源消费比重、森林覆盖率持续提升，二氧化碳排放量达到峰值并实现稳中有降，为实现碳中和提供强有力支撑。到 2060 年，绿色低碳循环发展经济体系和清洁低碳安全高效能源体系全面建立，能源利用效率达到国际先进水平，碳中和目标如期实现，开创人与自然和谐共生新境界。

2022 年 1 月 28 日，江苏省科学技术厅、江苏省财政厅《关于印发〈2022 年度省碳达峰碳中和科技创新专项资金项目指南〉及组织申报项目的通知》强调，2022年度省碳达峰碳中和科技创新专项资金应紧扣江苏经济社会绿色低碳转型发展的科技创新需求，超前部署碳中和基础研究，着力突破重点行业领域碳达峰关键技术，加快科技成果转移转化，开展重大技术应用推广与集成示范，集聚碳达峰碳中和领域战略科技力量，努力提升经济社会绿色低碳发展的科技支撑能力。

2022年3月，江苏省生态环境厅发布了《关于印发〈省生态环境厅2022年推动碳达峰碳中和工作计划〉的通知》，提出要推进大气污染防治、水环境治理、土壤污染治理、固体废物处置等领域的协同控制，并加强甲烷排放管控，强化生态环境准入管理。

2022年4月，江苏省生态环境厅发布了《江苏省“十四五”应对气候变化规划》，提出到2025年，单位地区生产总值二氧化碳排放下降完成国家下达目标，碳达峰具备坚实基础，应对气候变化与生态环境保护统筹融合的格局总体形成，基本建成低碳新经济发展引领区、协同融合管控示范区、绿色低碳生活样板区。

2023年，江苏省工业和信息化厅等三部门联合发布了《关于印发江苏省工业领域及重点行业碳达峰实施方案的通知》，提出“十四五”期间，产业结构调整优化取得积极进展，能源资源利用效率大幅提高，绿色低碳技术、装备、工艺、产品普遍应用，数字化、智能化助推绿色制造水平快速提升，绿色低碳循环发展的现代工业体系初步形成。“十五五”期间，产业结构布局进一步优化，绿色低碳产业成为重要支柱，主要工业产品单位产值二氧化碳排放量持续下降，工业绿色低碳转型发展成效显著，确保全省工业领域二氧化碳排放量2030年前达到峰值，钢铁、石化化工、建材、纺织和造纸等重点行业二氧化碳排放力争率先达峰。

5.3 园区节能降碳举措

5.3.1 创建期举措

2011—2014年，连云港开发区以创建国家生态工业示范园区为契机，以贯彻落实国家、连云港市和连云港开发区关于开展节能减排等一系列工作部署为抓手，突出重点环节、狠抓工作落实，加快实施了一批企业节能示范、节能审计、节能预评估等工程，将节能工作和发展循环经济作为转变发展方式、提升发展质量、增强发展后劲的关键举措。

2014年连云港开发区的能源结构主要由原煤、柴油、天然气、热力、电力等组成，综合能耗为85.58万t标准煤，单位工业增加值综合能耗降到了0.23 t标准煤/万元，消费总量较2010年提高了14.50%，单位工业增加值能源消耗量降低了52.08%。其中，原煤消耗量占综合能耗总量的55.88%；其次是电力，其消耗量占综合能耗总量的21.13%；天然气用量居第三位，占综合能耗总量的12.11%；热力消耗量为7.73万t标准煤，占综合能耗总量的8.61%；用量最少的为柴油，消耗量占综合能耗总量的2.27%。

（1）加强管理能力

为推动企业在生产源头实现污染减排，连云港开发区投资1亿元开展了企业清洁生产审核工作。2011—2014年，总计完成16家重点环境风险源企业的强制性清洁生产审核，有效减少了环境污染物的排放。

连云港开发区开展了能源审计和能源合同管理项目，组织企业每年上报《万吨企业节能目标责任考核自查报告》，在生态工业园区创建期间，完成了10家重点企业能源审计。连云港开发区管委会投资100万元开展了环境监测能力建设项目，致力于连云港开发区污染物排放情况的监测。

（2）能源深度利用

随着连云港开发区内中国科学院能源动力研究中心建设项目的建成，IGCC（整体煤气化联合循环发电系统）技术的瓶颈被成功突破，实现了煤的深度气化及净化，发展了我国IGCC、联产及碳捕集、利用与封存技术系统研发平台。依托连云港开发区为全市工业发展清洁能源供给创新奠定了坚实基础，有望实现独具特色的、高效费比的、生态绿色的能源消费格局。

（3）减少能源消耗

针对材料、能源等重点能耗行业和企业，在原有的基础上，进一步加大对重点行业的节能改造力度，促进企业对节能设备、节能技术的应用，推广建筑节能，实现能源的梯级利用。例如，建筑业采用地热采暖和制冷技术、墙体材料节能技术，使园区节能建筑达到65%及以上；用高导电、高电磁性能的电动机替代普通电动机，应用变频调速技术实现电动机节电运行等；全区制定《高耗能落后高耗能机电设备（产品）淘汰目录》，削减高耗能设备的生产和使用；有组织地淘汰燃煤锅炉，将全区供暖方式改为集中供暖，减少碳排放量；建设连云港快速公交项目（BRT），除方便群众出行、促进城区互动之外，对发展绿色交通、推动节能减排也具有实际意义与示范意义。通过减少能源消耗的积极举措，连云港开发区实现了国家和江苏省设定的节能目标。

（4）实现资源再利用

开发能源资源的清洁高效利用技术，开展清洁能源替代改造，提高可再生能源利用比例。连云港开发区内鑫能污泥利用污泥掺烧实现热电联产，供热能力达到125 t/h，供热半径达 15 km，供电能力达 2.1 万 kW·h，产生的粉尘、炉渣、石膏等作为建材原料综合利用；晨兴环保利用生活垃圾掺烧的方式实现热电联产，供热能力达到 35 万 t/a，上网电量近 1 亿 kW·h，每年节约标准煤 2.68 万 t。2014 年园区使用清洁能源比例达到 54%。

（5）减少废弃物排放

新医药产业突出“创新、低碳、循环”特点，采用智能化的生产工艺，尽可能地利用已有资源，减少废弃物排放量。以康缘药业为例，该企业利用全程数字化全封闭、科学、精确控制的先进工艺，提升物料和能源的使用效率。在创新技术的驱动下，不仅能减少能源消耗，还能实现废水、废气污染物的近零排放，100%综合利用固体废物（中药渣）。

（6）推广可再生能源利用

连云港开发区通过建设太阳能照明等项目，充分利用各类可再生能源，减少传统化石能源的使用。采用太阳能 LED 地脚灯、太阳能草坪灯和与太阳能电池板联合的技术，充分利用太阳能来照明，减少使用传统电力。

5.3.2 长效建设期

2016 年，连云港开发区获得国家生态工业园区命名后，能源结构不断调整，到 2021 年，园区的能源消耗总量和能耗强度与 2014 年相比均大幅降低，其中煤炭的占比从 50%以上下降到 23%左右，热力消耗的占比从 8.61%上升到 23%左右，天然气消费占比和电力占比也稳步提升，园区的能源结构得到明显改善。

2016—2021 年，连云港开发区的能源消耗呈现波动下降趋势，园区的综合能耗使用在 42.84 万～46.00 万 t，单位工业增加值持续保持下降趋势，从 2016 年的 0.22 t/万元下降到 2021 年的 0.13 t/万元，能耗强度下降了 39%。连云港的能源消耗类型主要为煤、天然气、热力、电力及生活垃圾等。2021 年，连云港开发区的燃煤和热力消费最多，均占总能耗的 23%左右；其次是由电力和生活垃圾焚烧产生的热量，分别为 21.8%和 17.39%。

同时，连云港开发区的工业碳排放量也呈现同样趋势。2017 年的工业碳排放总量较 2016 年降低了，从 137.37 万 t 下降到 119.14 万 t；2017—2020 年连云港开发区的工业碳排放总量逐渐上升，到 2020 年是近年来的最高峰值，为 149.27 万 t；到 2021 年，连云港开发区的工业碳排放量有所回落，为 131.25 万 t。连云港开发区的工业碳排放强度总体呈下降趋势。从 2016 年的 0.65 t/万元下降到 2021 年的 0.41 t/万元，下降率达到 37.75%。

（1）大力开展节能降耗

连云港开发区以节能增效为重点加大节能减排力度。“十三五”期间狠抓大浦工业区等重点片区环境整治，坚决淘汰落后化工产能，关停一批、转移一批、升级一批和重组一批化工企业共 9 家。完成了园区内能耗大户恒瑞医药公司溶液除湿节能改造、康缘药业公司循环水系统改造和公共系统节能提升、中复连众公司高压管车间水泵节水节电改造、杜钟新奥神氨纶公司节能升级改造、中金玛泰公司干式复合机烘箱热风系统改造、晨兴环保垃圾干化等节能改造项目。

园区制定并实施了《开发区 2019 年度燃煤、燃气、生物质锅炉整治工作实施方案》，在彻底全部关停 10 t/h 及以下燃煤锅炉的基础上，完成了 20 台燃煤、生物质及燃气锅炉的改造，保留的鑫能污泥 75 t/h 燃煤锅炉也进行了超低排放改造。通过上大压小，强力推动晨兴环保、益海粮油等企业减少煤炭消费量，全面完成了 2020 年江苏省下达的 9 万 t 煤炭消费总量削减任务。

（2）全面推进清洁生产

连云港开发区深入贯彻《清洁生产促进法》，在工业企业中广泛开展清洁生产活动，并将其作为源头减污降碳的重要工具，对列入省名单的重点企业开展清洁生产审核。“十三五”期间，开发区共计有 18 家重点企业开展了清洁生产审核，实现了重点企业节能、降耗、减污、增效，使单位产品的能耗、物耗、水耗和污染物排放达到国内或者国际先进水平。同时，以实现废物减量化和资源化，提高能源利用效率等方式，建立并实施了“资源—产品—再生资源”的循环发展模式，建成了一批国家级、省级的生态园区、绿色企业、绿色产品、绿色制造、绿色社区和绿色学校等。

（3）开展绿色建筑示范区

2017 年，连云港开发区通过江苏省住房城乡建设厅与省财政厅联合举办的验收评审会，获得了“建筑节能和绿色建筑示范区”称号。示范区建设期间，新开工项目 10 个，总建筑面积达到 102.15 万 m^2，全部按照绿色建筑标准设计并建设，其中建成项目共 7 个，总建筑面积达到 69.81 万 m^2，建成率达到 68.34%。二星级及以上绿色建筑项目 8 个，总建筑面积达到 84.06 万 m^2，占 82.3%。一星级绿色建筑项目 2 个，总建筑面积达到 18.09 万 m^2，占 17.7%。示范区内采用可再生能源技术的项目共计 8 个，总建筑面积达到 69.13 万 m^2，可再生能源应用比例达到 67.67%。太阳能光热应用项目 4 个，总建筑面积达到 48.19 万 m^2；太阳能光伏应用项目 1 个，建筑面积为 7.1 万 m^2；地源热泵项目 1 个，建筑面积为 5.2 万 m^2；采用合同能源管理（接入区域能源站）的项目 2 个，总建筑面积达到 8.67 万 m^2。

（4）开展低碳认证

“十三五”期间，连云港开发区风电装备产业依托省级新能源装备制造基地等载体，发挥中复连众公司的龙头带动作用，借助国电联合动力省级风力发电技术重点实验室、风电设备工程技术研究中心等科研平台，在风电新能源行业发展迅速。牢固树立生态品牌意识，大力推进绿色制造体系建设，恒瑞医药、豪森药业、康缘药业 3 家企业建成国家级绿色工厂、国家级绿色供应链管理示范企业，德源药业、杜钟氨纶 2 家企业建成省级绿色工厂，益海粮油、中复神鹰等 7 家企业通过了能源管理体系认证，朝阳、中云 2 个涉农街道全部创成国家级生态乡镇，五羊、西诸朝 2 个社区获批省级绿色社区，中云中学、香缇幼儿园等 5 个省级绿色学校通过验收命名，全区市级绿色创建品牌覆盖率超过 90%。开发区环境管理体系（ISO 14001）连续 20 年保持高水平认证运行。

（5）加强驱动创新

2021 年，连云港开发区的高新技术产业产值占全区工业产值的比重达 77.3%，研发支出占地区生产总值的比重达 7.1%，战略性新兴产业和新业态加速发展。创新载体加快发展，创建省级以上科研平台 28 个，“中华药港”建设全面铺开，国家级碳纤维复合材料公共服务平台建成运营，省原创化学药创新中心建成并投入运行，国家重大科技项目“高效低碳燃气轮机试验装置”正式开工建设，省级高性能纤维检验中心是全国唯一具备三大高性能纤维全项目检测能力的法定检验机构。创新人才加快集聚，国家重大人才工程入选者 22 人，省“双创计划”团队 4 个、省“双创计划”人才 54 人。重点领域和主导产业核心技术取得突破，恒瑞、豪森、康缘等连续多年位居中国医药企业创新力排行榜前列，获批上市 1 类新药 6 个，获批数量领跑全国；获批国家知识产权示范园区，高价值专利培育示范中心区域获批数全省第一，专利授权年均增长 30%以上，获中国专利金奖 4 项，拥有国家驰名商标 7 个。

5.4　园区低碳管理展望

5.4.1　推动工业节能降碳

（1）能源结构调整

进一步降低园区内燃煤的使用量，加强煤炭清洁高效利用，有序减量替代。日常工作做到加强巡察，强化监管，防止死灰复燃；继续推进散煤治理，开展禁燃区内煤炭销售专项整治行动。推动园区内鑫能污泥、晨兴环保“节能降碳改造、灵活性改造、供热改造”的“三联改造”，促进电力行业的清洁低碳转型，加大污泥及生活垃圾在焚烧发电过程中的占比，有序降低化石能源使用量。

提高园区清洁能源占比，增加园区天然气、生物质能源的使用量。鼓励园区内企业购买绿色电力，将企业绿色电力消费与企业的碳排放量挂钩。大力发展园区内的分布式光伏发电，提高可再生能源的占比。

（2）开展企业节能降碳行动

全力推进园区内能耗重点企业的节能降碳增效行动。推进重点能耗企业的节能降耗和能源合同管理，提高重点行业、重点产品的资源能源利用效率。加快推进企业内部能源管理体系建设。大力推广企业使用绿色低碳材料，以电机、风机、泵、压缩机、变压器等设备为重点，推动工业流程节能，全面提升能效标准，加强重点用能设备节能审查和日常监管。对新建项目开展绿色低碳设计，支持企业进行绿色低碳改造，鼓励企业优化生产工艺和提高技术水平，开发绿色产品，推动短流程、无废弃物制造的生产工艺和技术。

（3）深入推进园区清洁生产审核

进一步推进清洁生产审核机制，开展以园区整体和重点企业共同推进的清洁生产审核模式。在园区层面，重点审核园区公共配套设施的完善程度、与园区内产业发展水平的匹配性，园区土地资源、水资源和能源的使用情况，运行管理机制和管理水平与产业发展的协调性等。园区配套设施包括交通、供电、供水、供气、集中供热、污水处理和固体废物的处理处置等情况。园区的管理机制主要包括对项目准入、在产企业的过程监管机制、企业的淘汰机制等，指导产业向高附加值方向发展。在企业层面，进一步挖掘企业节能减排潜力，从源头上减少污染物，加大对清洁生产审核工作情况的日常监督和检查力度，推动清洁生产方案落地。以资源能源利用水平、污染物排放及碳排放、余热余压利用、水资源梯级利用等为主开展清洁生产绩效评估。

5.4.2 推动生活及建筑低碳化

（1）倡导绿色低碳生活

持续推进连云港开发区内绿色社区、绿色学校等绿色创建活动。加大开发区内绿色消费宣传力度，倡导居民购买国家节能产品、环境标志产品等，支持居民购买节能节水等低碳环保产品。发展共享循环经济，推动个人闲置物品的再利用，完善开发区内的垃圾分类激励机制和再生资源回收体系，减少资源浪费，提高资源的循环利用效率。

（2）大力推广绿色建筑

连云港开发区内的新建建筑要严格执行《绿色建筑评价标准》《公共建筑节能设计标准》《民用建筑标准》《江苏省绿色建筑发展条例》等标准和条例。倡导绿色低碳规划设计理念，建设海绵城市。推广绿色低碳建材和绿色建造方式，加快推进新型建筑工业化，大力发展装配式建筑，推广钢结构住宅，推动建材循环利用，强化绿色设计和绿色施工管理。积极推广超低能耗建筑，大力推广城镇被动式住宅、农村近零能耗住宅和超低能耗公共建筑，全面形成高效、清洁、智能的建筑能源利用方式（图 5-1）。

图 5-1 连云港开发区的节能建筑

（3）开展既有建筑的绿色低碳改造

加大既有建筑节能改造的鼓励和支持力度，推动一批高能耗、低能效的公共建筑实施节能改造。按照建筑节能设计，参照《既有居住建筑节能改造技术规程》《公共建筑节能改造技术规范》《既有建筑绿色改造评价标准》中的相关要求，结合城镇老旧小区改造等工作，以更换节能门窗、修缮屋面保温、增设外遮阳、改造室外场地、雨水中水利用、更换节能灯具和节水器具等适宜技术，推动既有居住建筑绿色改造。加强公共机构办公建筑和大型公共建筑能耗统计、能源审计、能效公示工作，对既有高能耗公共建筑实施绿色节能改造，提升能效水平。提升城镇建筑和基础设施运行管理智能化水平，逐步开展公共建筑能耗限额管理。

（4）优化建筑用能

因地制宜在各种建筑中推广土壤源热泵、地表水源热泵、污水源热泵、风能发电、太阳能光热、光伏建筑一体化利用。引进新能源建筑利用一体化发展的示范项目（图 5-2），构建片区型清洁能源结构体系，并逐步向全区推广。同时，在政府公共财政投入建设的经济适用住房、廉租房等保障性住房中，开展太阳能等适用节能技术的集成和利用。

图 5-2 连云港开发区新海连大厦地源热泵

5.4.3 完善节能降碳机制体制

（1）建立项目能耗及碳排放准入、退出机制

建立入园项目“双控”能耗总量及强度机制，制定园区行业能源准入相关政策，限制“两高”项目入园。严把项目节能审查初审关，深入论证项目建设的必要性、可行性与能效、环保水平，认真分析、评估对能耗双控、碳排放控制、产业高质量发展的影响。

对不符合产业政策、产能置换、煤炭消费减量替代等要求的，坚决不予准入。园区内既有企业中，不符合国家政策、能源限额不达标且整改无望，或者按照有关规定限期整改后仍然不达标的加入园区退出名单，通过土地腾退置换等方式盘活土地资源，建立退出机制。

（2）开展重点企业碳排放监测

加强能耗监测调控，建立“两高”项目台账，加强对主要用能企业的监测预警，强化落实每月能耗汇总分析工作，严格把控能耗双控各项指标。开展园区“两高”项目的能源监管，对高能耗企业的能源审计、节能审查及清洁生产水平进行重点监管，避免出现“重审查、轻实施”的现象，重点监管实施过程的措施及实施成效。

（3）建立碳排放管理平台

创新节能管理体系建设，建立新建项目用能预算和碳排放总量预算管理体系，开展项目能效评价。完善存量企业的节能考核体系，构建企业节能信用等级评价体系，强化节能监察和审查力度。建立智慧碳测智慧平台，依托开发区现有的数字管理平台，嵌入能源监测管理体系，逐步建立跨行业、跨部门的数据共享机制。探索建立碳排放管理制度，实施产业分级指导管理。

第6章

园区管理机制及平台建设

园区管理机制和平台建设的要点，是以园区政策、服务与空间资源为基础，搭建智慧运营服务网络，制定独具特色的园区管理政策，依托不同园区特点建设高效科学的平台，以数字化深度融合园区物理空间的信息资源等建成生态工业园区的精细化管理体系。

连云港开发区充分结合自身特点，发挥区位优势，围绕“创新、循环、低碳”三大理念，以“自贸试验区”和“中华药港”两个平台为抓手，形成以“三理念+两平台”为依托的生态工业园区建设特色。“创新”聚焦政产学研一体、发展高新技术和产业生态改造；“循环”打造园区宏观循环、产业交互循环和企业内部循环一体化；“低碳”引领低碳研发、低碳产业、低碳行为，集顶层设计、政策制度创新、绿色发展示范和配套保障之合力打造国家生态工业示范园区的标杆。

6.1　园区管理机制

生态工业园区可持续发展管理是保障。生态工业园区管理主要是对园区生态系统的结构、功能及协调度进行调控，管理系统中的自然环境和人工环境，规范人群的生态行为等，将这些组成成分科学地组织起来，将园区的物流、能流、信息流等有效地结合起来，充分发挥它们之间的协调作用，以达到园区生态系统的最佳效能。

随着经济社会的不断发展，工业园区的资源环境与可持续发展矛盾问题越发突出。加强生态工业园区建设，着力环境保护管理优化，对于在国内经济相对落后片区探索示范性生态文明建设之路具有十分重要的意义，是实现工业园区合理布局、资源优化配置和加快产业结构调整的有效途径。在此过程中，完善的政策支持与引导尤为关键。

江苏生态工业园区建设工作走在全国前列，但苏北地区起步相对较晚，环境保护管理工作是生态工业园区建设的核心内容，如何通过支持性、规范性政策引导欠发达地区顺利实现园区生态建设绩效已引起政府的高度重视，并开展了一系列的工作探索。但从客观维度上讲，现行的苏北生态工业园区管理政策体系还存在薄弱之处，与动态发展的生态环境建设需求有所差距，逐步优化势在必行。本节以苏北生态工业园区典型代表连云港经济技术开发区为例，着重从生态化发展的制度和政策创新、配套保障措施实施经验两个角度就其园区管理机制进行介绍。

6.1.1 生态化发展的制度和政策创新

（1）优化机制加强组织

连云港开发区管理委员会通过制订生态工业园区总体推进计划和综合实施方案，为园区的发展提供强有力的保障和支撑；通过制定相应的经济、技术鼓励性政策措施，带动企业积极开展清洁生产和污染治理，推动现有园区内产业的生态化改造；通过制定和实施不同行业的环境准入政策和条件等，强化园区内的绿色招商，实现产业结构的转型和经济发展模式的“低碳模式”转型和升级；通过组织生态文明和文化的宣传，提升园区内公众的生态文明意识，强化公众的环境监督机制，保障公众的有效参与。连云港开发区充分发挥了政府、企业和公众等各主体作用，调动社会各界积极参与生态创建的工作，逐步建立并完善了“政府主导、市场推进、科技支撑、公众参与”的运行机制。

（2）创新优化审批制度

连云港开发区在建设国家生态工业示范区的同时，也成为江苏自贸试验区连云港片区的重要组成部分，具有“亚欧重要国际交通枢纽、集聚优质要素的开放门户、‘一带一路’共建国家和地区交流合作平台”的重大功能定位。连云港开发区借助这一强大的功能定位，充分发挥市场机制的决定性作用，优化行政管理职能与流程、全面推行了“互联网+政府服务”模式等自我革命的任务，实施了“1220”常态化运行管理体制，即“一窗收件，分头预审，多部门网上并联审批新机制”。国家自贸试验区开发区区块聚集效应快速升温，洽谈考察的跨国公司、大型民企及央企等络绎不绝，新入驻企业成倍增长，自贸试验区的“风口”效益正在快速释放，集聚效应正在显现。

（3）着重发力改革试点

连云港开发区作为《江苏省产业园区生态环境政策集成改革试点方案》的十个试点园区之一，明确了“小切口、强特色、求实效”的集成改革理念，以最具特色和自贸区政策创新为切入点，打造全国领先的医药行业生态环境政策体系集成示范区、绿色创新发展自贸试验区。

6.1.2 配套措施实施经验

2022年，连云港开发区管理委员会与连云港市生态环境局联合设立了全省首个“企业环境保护质量”，每年设立百万元奖金表彰企业一线环保工作人员，解决了企业对环保工作“不重视、投入少、绩效差”的难题，极大地提升了推进环保管理的积极性，东方集装箱、德源药业、润众制药等 6 家企业获评省级绿色发展领军企业，创成省级以上绿色工厂 9 家、国家绿色供应链 1 个，数量位居全市第一、苏北领先；主持完成了全国首批清洁生产审核创新试点、国家生态环境健康管理试点，产出了一批重要成果，创新做法和成效受到《中国环境报》点名表扬和示范推荐。

（1）园区清洁生产审核创新试点

2022 年 12 月 31 日，生态环境部办公厅和国家发展改革委办公厅联合发布了《关于同意实施第一批清洁生产审核创新试点项目的通知》，连云港开发区管理委员会申报的《连云港经济技术开发区清洁生产审核创新试点实施方案》成功入选，成为连云港市唯一一家成功入选该创新试点的园区。

连云港开发区的清洁生产审核始终围绕一条主线，即以问题为导向，开展“1+3+3”的审核思路，将 3 个创新点与 3 个层面审核相结合，基于传统企业清洁生产的方法，将产业层面和园区层面的清洁生产审核要点融入具体审核过程中，调整和优化审核步骤，增加审核的层次，提出新的清洁生产方法和审核模式，见图 6-1。

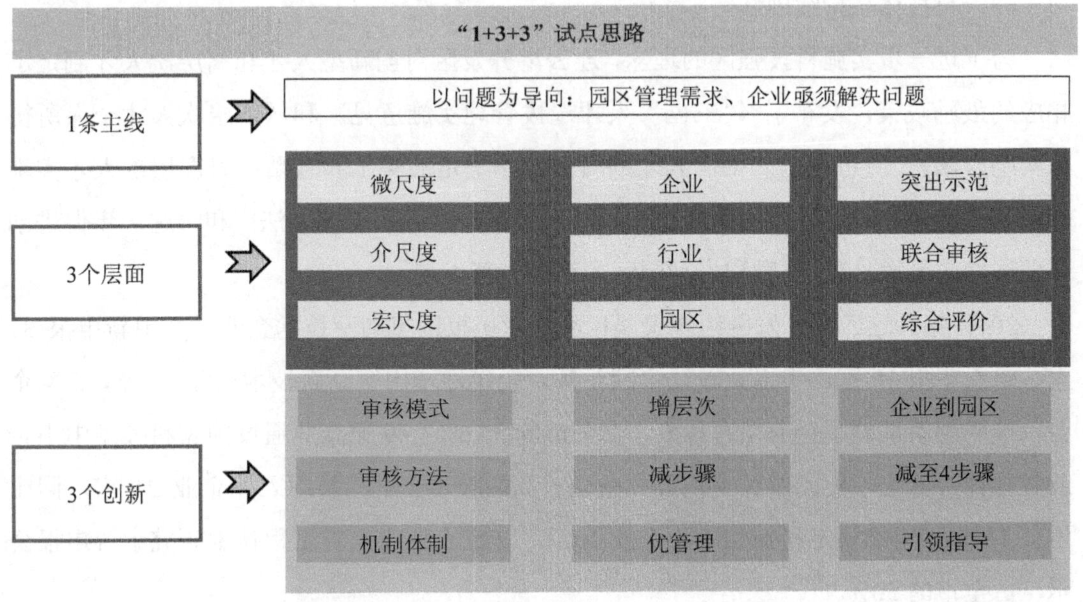

图 6-1　连云港开发区国家清洁生产审核试点思路

该试点工作完成了重点企业快速清洁生产审核，提出了解决问题的编制方案和重点绩效，总结了园区清洁生产典型案例；在行业层面提出了共性问题和解决方案，开展了原料药行业联审，发布了行业清洁生产指导手册；在园区层面开展了基础设施清洁生产改造，完善了机制体制，开展了园区清洁生产水平评估。

（2）奖励激励力度加大

为了改善大气环境质量，全面推动高污染燃料锅炉整治和餐饮油烟治理工作，连云港开发区制定了《开发区高污染燃料锅炉大气污染整治以奖代补实施办法》《连云港开发区饮食服务业油烟治理奖补政策》。其中小浴室高污染燃料锅炉按照 4 万元/蒸吨给予补贴，餐饮油烟按照油烟净化装置实际购买价格的 30%给予补贴。奖励激励制度大大提高了小锅炉企业和餐饮油烟企业的热情，纷纷开始改造锅炉和安装油烟净化设备。为了进一步拓宽连云港开发区招商引资渠道，扩大招商投资成果，有效加大项目引进力度和项目落地的可靠性，连云港开发区制定了《开发区引荐招商项目奖励办法》，对促进项目落地的经济组织和社会团体进行奖励。2022—2023 年，连云港开发区联合连云港市生态环境局连续 2 年表彰“企业环境保护质量”，合计 15 家企业获奖，奖金发放至企业环保工作人员，奖金总额近 200 万元。

（3）科技体系持续创新

为了进一步实施科技强区的理念，连云港开发区对创新型人才和高层次人才制定了相应的鼓励政策，发布了《“三创”人才选拔管理实施意见》和《高层次人才个人所得税奖励办法》，对符合“三创”人才的对象给予一定的奖励和补贴；对高层次人才实施个税奖励政策。对于科技创新的企业，发布了《科技创新扶持办法》和《进一步促进创新发展的政策意见》，鼓励和推动园区的科技创新发展。

2019 年，连云港开发区组织了 41 家企业申报国家高新技术企业，其中新申报 31 家、重新申报 10 家，申报数较往年翻一番，全年净增国家高新技术企业 16 家。5 家企业入选省创新型领军企业培育计划，占全市的 55.6%；49 家企业通过国家科技型中小企业省厅评价认定，同比增长 44.1%；新增省高新技术企业培育库入库企业 21 家，同比增长 163%；组织认定科技型中小企业 10 家；2 家企业进入省工程技术研究中心申报公示，占全市的 50%。

（4）公众积极参与建设

连云港开发区开展了多项活动宣传环境保护。一是开展绿色普及活动。设计编印《环保知识手册》《生态文明科普手册》等宣传资料，积极开展绿色生活方式入户宣传。二是策划绿色主题宣传活动。利用世界地球日、“六五环境日”等重大纪念日开展大型环保主题集中宣传活动，积极倡导广大市民绿色出行，节约用水用电，积极践行绿色低碳生活方式。三是打造绿色网络平台。通过“互联网+”，环境保护官方微博、微信、QQ实时发布生态文明和环境保护宣传工作动态，积极引导公众参与生态文明建设。四是积极培育生态文化。大力开展以绿色生活、绿色消费为主题的环境文化活动，利用组织环境保护征文、生态文明知识竞赛、环境保护绘画比赛、环境保护故事大赛、环境保护家庭评选等形式传播绿色生活的科学知识和方法。

总之，连云港开发区生态工业园区在管理政策优化方面的实践经验十分重要和必要，是社会可持续发展的重要内容，理应得到广泛关注。未来随着国家生态工业园区建设的发展，相应的环境保护管理工作可能会面临更多挑战，建立健全政策体系至关重要。当前，关于园区环境保护的课题研究尚处于起步阶段，有待进一步理性解读国家生态工业园区环境保护管理工作现状，结合实际情况，充分吸取国内外优秀经验，在国内欠发达地区探索出一条“经济发展、生态友好”的可持续发展之路。

6.2　园区环境保护信息化平台

随着国家生态工业园区环境保护信息化平台建设的发展，加快了对环境信息的采集、处理和管理效率，同时提高了电子政务、科学研究、环境监测、环境预测和评估，以及工业园区规划决策等领域的信息化水平，但由于环境保护信息化平台的建设还处于发展阶段，因此运行过程中仍存在很多亟待解决的问题。

问题主要表现在以下四个方面。第一，生态工业园区的网络覆盖能力有待提高。环境保护信息化平台的建设离不开网络基础设施的建设，随着生态产业园区的不断发展，对于环境管理应用的需求不断增加，因此对信息的实时传输速度、平台数据库的信息储备量及信息共享的范围等的要求也越来越高。第二，生态产业园区环境保护信息资源的利用程度还有待进一步提高。目前，我国已经完成了针对环境保护信息管理系统的开发建设，上至国家下到基层的多渠道环境信息积累过程已经初步得到实现，这些信息数据能够提供动态的环境保护数据分析，并对环境管理改革有着重要的作用。但由于技术、人才及应用成本等方面的原因，使很多历史信息未能得到充分的分析和综合利用。同时，由于4G网络信息系统的开发应用覆盖范围有限，在很大程度上不利于环境信息资源共享的实现。第三，环境保护信息化标准建设进程缓慢。环境保护行业相关调查的信息数据显示，当前已颁布的信息化标准所占比例仅有15%左右，并且绝大部分标准缺少管理文件和分类代码，这在一定程度上限制了生态工业园区环境保护信息化平台的制度建设和相关数据标准与技术规范工作的开展。第四，相关部门及产业园区内企业的合作力度有待加大。生态工业园区环境保护信息化平台建设不仅是生态环境部门的事情，也是气象、城市建设及产业园区投资者和企业管理者的事情。由于传统管理体制的限制，环境保护信息化平台管理工作未得到应有的重视，出现了重复建设、管理空缺、信息交流不畅等方面的问题。

6.2.1 环境保护信息化平台建设的策略及经验

（1）建立健全环境保护信息化平台的制度建设

从国家生态工业园区环境保护信息化平台建设的问题中我们能够认识到，信息化平台可以提高环境保护工作的效率，把握环境保护工作的时代趋势，而信息化平台制度的规定与实施情况则直接决定了其运行效果。生态工业园区环境保护信息化平台的建设需要我们通过制度创新和顶层设计来保证其对工业园区的服务效果和管理效果。因此，针对生态工业园区环境保护信息化平台的制度建设，需要进一步完善有关环境保护、资源管理及共生建设的地方性法规，推动循环经济立法进程，以经济、环保和其他宏观调控政策约束生产者和投资者的行为。充分发挥政策优势，完善生态工业园区环境保护信息化平台的服务功能，从而改善产业经济发展和环境保护信息化的共生建设环境，弥补生态工业园区共生链条中的空白环节，丰富共生网络类型，巩固共生网络的生存能力和发展能力。

（2）加强对环境信息工作的组织领导能力

生态工业园区环境保护信息化平台建设是整个园区环境管理工作优化的基础，是实现环境信息优化利用的重要手段，也是环境保护系统自身能力提高的重要组成内容。因此，针对生态工业园区环境保护信息化平台管理上存在的问题，有必要加强各级领导干部对环境保护信息化平台建设的重视程度，具体包括两个方面：第一，提高生态工业园区环境保护部门的人事管理能力，选拔政治素养优秀、环境保护信息化素养突出、综合分析能力强和组织协调经验丰富的人员负责环境保护信息化平台建设的工作，优化环境保护信息化平台管理的人员构成和组织机构设置，同时成立生态工业园区环境保护信息化平台建设领导小组，并召开专门的会议进行商议。第二，完善环境保护信息化责任制，明确生态工业园区环境保护信息工作的各岗位职能，把生态工业园区环境保护工作逐渐做成领导小组带头，信息中心专人管理，各级科室工作岗位专人兼管的工作网络，最终把生态工业园区环境保护信息化平台建成有规划、有监管、有执行和有反馈的综合信息服务平台。

（3）完善环境保护信息共享机制建设

环境保护信息化平台建设的最终目的是实现环境保护前提下的经济可持续发展，而环境保护工作本身是需要多方共同协作的事业。在生态工业园区的环境保护事业上，如果有一方在环境保护方面出现问题，那么很可能导致整个环保体系不能正常运转。因此，建设环境保护信息化平台的目的是提高环境保护工作的效率，综合服务能力。因此，环境保护信息收集、环境保护指标核查，以及出现环境保护问题的补救措施都需要投资者、产业经营者和生态环境部门的信息交流，这对于完善环境保护信息化平台的建设是不可或缺的组成部分。因此，针对生态工业园区环境保护信息共享建设，有必要让生态工业园区投资者和产业经营管理者、各级生态环境部门，以及气象、城市建设等其他行业的信息实现共享。在整合环境信息资源的基础上，扩大环境基础信息数据库、环境科学共享数据库、宏观经济数据库、环境保护专家数据库和环境保护问题解决方案数据库等的建设。同时，健全环境数据共享管理机制，完善信息资源管理制度，并把环境保护信息化平台与电子政务综合服务平台建立有机联系，提高环境信息资源共享程度。

（4）进一步加强办公自动化建设进程

对于生态工业园区环境保护信息化平台建设这一新兴事物，其管理工作和为用户提供环境保护信息的服务工作都离不开办公自动化系统的建设。就生态工业园区办公自动化的建设现状，仍然有提高的空间和需要完善的地方，因此，加快办公自动化建设进程，提高环境保护信息化能力，实现信息化管理的进一步发展，既需要加大生态工业园区环境保护部门的经费投入力度，为相关科室配备先进的网络设备，完善生态工业园区的网站建设，也需要加强环境保护信息化平台内部网络的管理建设，做好相关软硬件系统和设施的维护工作，保证信息服务平台的网络系统能够正常运转。

（5）加强信息管理技术人员培训

生态工业园区的环境保护信息化平台建设不仅是建设的问题，也是人才的问题。提高工业园区环境保护信息化服务水平，就必须抓住人才这一关键因素。首先，要完善生态工业园区环境保护信息化平台管理工作人员的人力培训制度，明确人才的任用标准和培训考核标准；其次，要设置环境保护和信息化平台管理方面专门的培训课程，增强环境保护信息技术人员对信息化、应用电子政务及生态工业园区环境保护和经济可持续发展方面的认识；最后，完善相应的激励机制，鼓励环境保护管理人员丰富自身知识构架，提高自身环保工作信息化程度和技术应用能力。

6.2.2 环境保护信息化平台建设中取得的成果和成效

连云港开发区自 2016 年创成国家生态工业示范园区以来，按照集约化原则，进一步完善公共服务及基础共享平台，对区内能量流、物质流、水流、废物流进行系统改造，着力打造物流、信息平台和集中供热、供水、治污等共享设施，降低了单一企业公共设施的投入和运行成本。“十三五”时期以来，建设投运了连云港开发区智慧水务运营中心，该中心采用智能化、现代化运营方式将泵站、污水处理厂、管网等设施有机整合，构建成园区城市水务物联网的智慧大脑，用数据决策、数据管理、数据服务，打造“全区一张网、一个平台”的科学管理模式。为了实时监测环境空气及水质相关情况，连云港开发区引入第三方机构，安装 VOCs 在线监测平台、LDAR 终端平台及河道在线水质监测站点等，提升了信息化水平，为环境监管一体化提供了有效的技术支撑。连云港开发区依托江苏省危险废物动态管理信息系统对危险废物产生、贮存、转移情况进行了全生命周期管理，逐月逐项开展网上申报，各企业的危险废物产生、供需和流向信息均能实现动态更新。连云港开发区是我国现代生态工业园区环境保护信息化发展的一个缩影，对生态工业园区环境保护信息化平台建设中存在的环境保护问题开展分析和研究，不仅能够在苏北生态工业园区环境保护与产业发展上谋求共生共进的建设思路，而且对于国内其他工业园区也具有一定程度的借鉴意义。

6.3 园区环境保护精细化管理

要实现生态工业园区环境保护管理的“精细化”和“体系化”要求，必须针对政府、园区、企业、产品及服务等不同管理对象，从系统、平台、模式、制度、技术等层面进行理论和实证探究，以获得在不同工业园区背景下的环境保护精细化管理系统性对策。着重从生态工业园区环境保护精细化管理的关键技术、推进环境保护精细化管理的启发两个角度就其园区环境保护精细化管理进行介绍。

6.3.1 环境保护精细化管理的关键技术

（1）生态工业园区环境保护管理的 SWOT 分析

SWOT 分析是将生态工业园区的内外部环境、资源及战略能力分析进行总结，从中找出关键性因素，系统地确认园区内部的 Strengths（优势）、Weaknesses（劣势）、Opportunities（机会）和 Threats（威胁）4 个方面的因素。必须针对江苏省生态工业园区发展现状，依据各园区资源、环境、文化、社会、经济、技术及制度等实际情况，就提升生态工业园区环境保护管理综合水平及绩效开展 SWOT 分析，从而实现管理的全面性和战略性。

（2）生态工业园区信息管理系统建设

建设完善的信息管理系统，或建立信息交互中心，是实现生态工业园区物质能量高效流转和保持发展活力的重要条件。生态工业园区应在现有信息化水平的基础上，重点就对外信息发布系统、内部 OA 系统、电子商务应用系统、企业信息化公共服务系统、数据交换系统及环境信息系统在生态工业园区中的应用及管理模式优化进行探究。

（3）生态工业园区可持续发展机制

工业共生是生态工业园区的核心组成部分，工业生态系统的稳定性是生态工业园区建设与发展的重要环节，反映了园区组成、结构和功能在时间、空间变化时的稳定程度。要深入分析江苏省生态工业园区组织机构不完善、利润分配不公平、产业链柔韧性不足、生态文化建设滞后和污染控制不足等失稳因素，从工业生态系统结构与功能特征出发，从优势度、循环度和调节度 3 个维度探讨如何建立园区可持续发展的自组织机制。

（4）生态工业园区投融资模式优化

生态工业园区要想真正体现循环经济理念，工业链设计与搭建是关键，而科学的运营管理模式则是有力保障。在市场经济时代，投融资主体决定了产权归属，而产权归属往往又决定了运营管理模式。通过金融学和管理学角度分析江苏省生态工业园区投融资及运营管理的特点，包括采取政府主导投资和运营管理的园区类型、行政监管的方式、管理主体对出资人意愿的落实、专业化运营情况等，从而优化市场条件下生态工业园区的管理模式。

（5）生态工业园区环境管理政策完善

在现有国家、各省（区、市）关于生态工业园区建设及管理的各类政策基础上，基于已有工业园区实际，探索建立完善的生态化激励政策，包括规划制度、财税制度、专项基金制度、信贷制度、价格制度、政府绿色采购制度、产品示范和推广制度、文化宣传制度等。另外，从园区、企业和产品3个层面引入环境经济核算体系框架，对生态工业园区开展全面绿色核算。

6.3.2 推进环境保护精细化管理的启发

新时期连云港开发区的发展须从深化转型发展、加强体制机制建设、凸显辐射带动和示范作用、强化科技支撑等方面进一步聚焦生态文明建设。通过对国内外及全省生态工业园区环境保护管理体系的调研，启示我们如何提出体系化、科学化的生态工业园区环境保护管理机制设计，培育生态工业园区发展的内生动力和核心竞争能力，这是推动连云港开发区可持续发展和实现第三代科技园区转型的关键。要实现环境保护精细化管理目标，必须重点解决连云港开发区生态工业园区环境保护管理在产业差异大、科技支撑弱、技术能力不足等现实条件下的1个“内部矛盾”及1个“外部制约”问题。内部矛盾主要是如何厘清连云港开发区的生态工业园区发展理念、如何解除资金和技术制约、如何完善生态化功能发挥、如何加强企业主体推进能力等；外部制约问题主要是如何完善管理政策制度、如何建立科学运行框架及保障机制、如何进行适度激励、如何降低绿色成本、如何应用技术创新等。

在体制建设上，应进一步完善已初步建立的《连云港开发区工业企业环境保护工作规范化建设指南》《连云港开发区深入推进生态文明建设的实施意见》《连云港开发区环境监察工作规范化程序》《连云港开发区生态创建专项资金管理办法》等制度性文件，使之发挥引领作用；在平台建设上，应推进污染物排放视频与数据24小时全天候监控平台的开发，实现手机客户端和电脑客户端双连接，结合现场监察，做到无缝对接；在文化建设上，应设立环境保护政务信息公开和公众交互平台，建立环境保护新闻发言人制度并定期召开新闻发布会，促进环境保护社会参与的广度和深度，逐步完善生态工业园区的环境保护精细化管理建设进程和体系。

第7章

展望

生态工业园区建设是我国工业发展和实践的缩影，与经济发展和环境保护密切相关，不同时期其工作重心和面临的挑战也因发展阶段的不同而变化。生态工业园区自 2000 年以来从最初的注重产品链、废物链构建，到党的十八大报告中提出的推进园区的绿色、低碳和循环发展，再到党的十九大报告提出的我国进入新发展阶段，经济发展要实现从“有没有”转向“好不好”，从过去主要依赖要素投入的数量型增长，转向主要依靠创新和效益提升的质量型增长转变，生态工业园区始终根据国家宏观政策和管理的需求进行了积极响应。工业园区作为工业发展的主要组织形式，是经济发展的主战场、创新发展的策源地，是推动经济高质量发展和环境高水平保护的关键载体。“十四五”时期，我国将大力推进“双碳”目标，以及高质量发展和数字经济等新的理念蓬勃发展，低碳经济和高质量发展已经成为国家生态工业园区建设的应有之义，园区生态化改造已经成为区域实现经济可持续发展、改善生态环境质量、促进资源能源集约利用，以及加快推进碳达峰碳中和的主要途径之一。这对工业园区的生态化发展建设提出了更高的要求，也赋予了更丰富的内涵。党的二十大在深入总结新时代生态文明建设成就经验的基础上，对中国式现代化在生态文明建设领域的目标任务进行了部署，对今后一个时期推动绿色发展，促进人与自然和谐共生提出了新的要求。这生动擘画了中国式现代化的绿色图景，吹响了新征程上推进美丽中国建设的嘹亮号角。

当下，我国经济社会进入以高质量为核心的新发展阶段，需要全面贯彻创新、协调、绿色、开放、共享的新发展理念，构建以创新为支撑的工业园区新发展格局，实现生态环境治理体系和治理能力的现代化。连云港开发区在 10 余年的生态工业园区建设实践中取得了显著的成效，产业链和产业集群模式已经形成，以水循环利用、能量梯级利用、固体废物回收利用为主的废物链代谢效率不断提升，研发平台数量和级别迅速提升、持续发力，在推动园区绿色、低碳、循环发展中的贡献度越发明显。在减污降碳协同、数字赋能等系列新理念、新技术、新模式的推动下，生态工业园区建设面临着新的机遇和挑战，连云港开发区将持续提升发展效能，壮大生产性服务业，不断提升资源、能源、环境效率，加快治理能力现代化，为我国生态工业园区发展贡献新经验。

7.1　产业链和产业集群升级

产业是园区的基础。经过多年的发展，连云港开发区已经形成以产品代谢、废物代谢、基础设施共享为框架的产业链网，大量的技术研发平台和产业大数据中心在产业转型升级中的作用初显。在已有的产业链基础上，园区需继续壮大新医药、新材料、新能源、高端装备制造等主导产业，以信息化、数字化、智能化等新要素为抓手，发挥技术链、信息链、服务链在延伸产业链及提升产业发展质量和韧性方面的关键作用，升级产业集群，提高产业集群能级，推动形成“点—线—面—体”结合的综合技术创新体系。

围绕重点产业链亟须解决的技术难题，国家新医药、新材料、新能源、人工智能等重大战略性新兴产业领域，发挥核心企业和研发平台的创新引领作用，联合带动配套企业，开展对技术熟化、中试验证、批量生产等工程化阶段瓶颈的攻关。突破产业发展关键技术装备、核心基础零部件及材料制约，形成一批标志性重大战略产品、产业集群。深化园区产业生态系统横向拓展、纵向延伸、一体化发展，切实增强产业链、供应链的韧性和安全水平。合理布局区域性、园区化的特殊废弃物集中处置和资源化中心，提高新能源、战略性新兴产业全链条竞争力。构建“园中园”专业化模式，将产品竞争优势转变成产业链、产业集群优势。

7.2 资源和能源效率提高

高的物质和能量代谢效率是生态工业园区的根本。生态效率强调以较少的资源能源消耗和较小的环境影响创造高质量的产品，转变过去依赖自然资源、生产排放大量污染物的发展方式。要提高园区的生态效率，就要兼顾生态和经济两个方面的效率，加强园区绿色化、低碳化、循环化、智能化发展顶层设计，优化资源要素配置，建立工业园区“绿色+安全+循环”发展模式，促进企业、行业、区域的可持续发展。在企业、产业、园区、区域多个层级，推动企业循环式生产、产业循环式组合，通过生产过程—产业链接—基础设施—安全环境协同，强化技术升级，减少源头排放。

在园区发展到成熟阶段，即园区土地开发完成后，通过综合技术手段推动园区资源、能源、污染排放（包括碳）脱钩发展，通过技术和信息等手段给物质或原料赋能，提升园区物质代谢的品质。通过综合技术手段，在实现经济总量持续增长的同时，实现经济和资源能源的脱钩，也就是资源能源消耗和污染物排放总量持续下降，资源能源压力持续降低，区域生态环境质量持续改善。脱钩代表了园区绿色发展的一种战略选择，标志着园区发展模式的根本性变革。园区进入脱钩阶段，意味着经济发展和环境退化之间的链接脱开，每单位经济产出使用更少的资源并减少资源使用，或减小经济活动的环境影响。工业园区脱钩发展可分为相对脱钩和绝对脱钩，脱钩发展的重要任务是提高工业园区资源产出率和碳生产率，主要手段包括精细化、全流程调控工业园区物质流和能量流。

在以脱钩为标志的产业转型升级工作中，可以综合运用全生命周期评估、排放清单分析、价值流分析等方法，理顺工业园区循环机理、循环能力、循环效率，建立资源预算和平衡体系，资源增效循环减碳，实施资源全生命周期利用率、生产率、循环率倍增行动，减少工业园区经济系统物质通量、流量的总量和强度，控制资源总量和强度，推动经济发展与不可再生资源绝对脱钩，提升物质利用效率，降低物质存量冗余。

7.3 基础设施共享

基础设施是生态工业园区物质代谢链的重要依托，通过水代谢、能量代谢、固体废物循环将企业串联起来，形成链网结构。园区内基础设施的共享和效率的提升，一直是生态工业园区建设的重中之重。早期工业园区基础设施更多地依托给排水、能源热电等，设计及建设标准难以满足现代化产业发展需求。同时因使用时间较长，存在较大的渗漏和安全风险，需要改造升级。

新时期产业数字化、智慧化等需求增加，数据中心、物流中心、分析检测平台、研发平台等新型的基础设施需求增长迅速，生产性服务业已经成为园区产业发展不可或缺的重要保障。因此，园区应综合统筹新老基础设施建设需求，按照适度超前的数字基础设施建设标准，全面改造升级，加强园区物质流动智慧化管理，在企业和工业园区层面加快数字化转型，实现水、能、产、废数字化集成和智慧化应用。促进基础设施数字化、智能化、绿色化融合发展，提升基础设施对产业链、供应链、创新链的协同配套能力，提高产业链韧性，增强产业链安全性，降低生产成本，减少能源资源消耗，缩短产品开发周期，催生“产业化+数字化+智能制造”新业态新模式。

7.4 减污降碳协同

推进工业园区能耗“双控”向碳排放总量和强度“双控”转变。针对工业园区千园千面，分类有序，宜能则能，宜碳则碳，通过能、碳双控科学落地，倒逼园区高质量发展。创新工业园区综合能源管理，实施工业园区节能降碳增效工程，系统优化工业园区能源体系，优化调控工业园区产业活动及相关的资源、能源的源、流和汇，鼓励优先利用可再生能源，实施能、水统筹，强化节约、提效、开源，提高资源能源效率，促进发展方式转变，加强产业结构与能源结构优化、清洁化。

对于传统基础设施，进一步推进工业园区供热、供电、污水处理、中水回用等公共基础设施共建共享，开展工业园区老旧管网系统化整治，推动挥发性有机物、特征污染物集中治理等“绿岛”项目建设，加强危险废物集中贮存和处置，提升园区危险废物处理能力。创新以工业园区普惠型基础设施为核心的招商竞争力。建立工业园区能源、环境基础设施间“能源—水—固体废弃物”协同的产业共生体系，利用城镇污水处理厂再生水和污泥作为燃煤电厂替代水源和燃料的共生策略，设计工业园区能源—环境技术经济可行、全生命周期环境友好的系统性解决方案。增强基础设施的韧性和稳定性，升级园区能源、环境基础设施，强化基础设施间的共生链接，提高土地、能源、水等资源的利用率和产出率。

构建智慧管理平台，将智慧能源管理与工业园区安全、环保、能源等实现一体化、智慧化管理。推进工业园区清洁生产审核创新，规范工业园区碳排放统计核算方法，深化工业园区全链条污染预防、资源节约和高效利用，加快从末端治理向全过程、全生命周期减污降碳协同增效转变。

7.5 治理能力现代化

推动工业园区企业加快实施“智改数转”，即制造业智能化改造和数字化转型，全面提升企业在设计、生产、管理和服务等环节的智能化水平，通过整个组织更新、流程再造和数字化导入，促使企业改变发展方式。“智改”主要指硬件投入，如企业通过装备升级、产线智能化改造，实现“机器换人”。“数转”更侧重于系统的集成应用，将获取的各类生产经验数据价值最大化，实现“数字换脑”。积极联合数字科技企业及产业链上下游企业，多方协同，构建数字生态共同体。打破厂区生产流程、产线上下游信息壁垒，建立数字化协作产业链。

推动数据作为新型生产要素向园区集聚发展，促进数据合规高效流通使用、赋能实体经济，“数实”融合，推进面向工业园区和企业的数据业务平台建设和数据产品及应用场景的解决方案，推动具体应用技术解决方案落地，做大做强数据要素型企业，为实体经济企业特别是中小微企业的数字化转型赋能。

建设美丽中国是中华民族功在当代、利在千秋的根本大计，是全面建设社会主义现代化国家的重要目标。党的十八大以来，我们党以史无前例的力度加强生态环境保护，开展了一系列开创性工作，决心之大、力度之大、成效之大前所未有，生态文明建设从理论到实践都发生了历史性、转折性、全局性变化，美丽中国建设迈出重大步伐。面向未来，连云港开发区将在继续推进现代化的征途上，以生态工业园区能级提升为抓手，坚定不移地走一条绿色、低碳、循环发展的高质量发展道路。

参考文献

[1] 《中国生态工业园区建设模式与创新》编委会. 中国生态工业园区建设模式与创新[M]. 中国环境出版社，2014.

[2] 刘晓宇，周长波，任慧，等. 工业园区清洁生产审核推进现状与建议[J/OL]. 中国环境管理，2022，14（03）：30-37. DOI：10.16868/j.cnki.1674-6252.2022.03.030.

[3] 中共中央. 中共中央关于科学技术体制改革的决定（中发〔1985〕6 号）[EB/OL]. [2015-05-16]. https://www.waizi.org.cn/law/4863.html.

[4] 刘月欣. 地方工业园区审计中存在的问题及建议[J]. 当代会计，2017，（01）：44-45.

[5] 郭静，乔琦，姚扬，等. 工业园区绿色生态化建设问题与策略[C]//中国环境科学学会. 2017 中国环境科学学会科学与技术年会论文集（第三卷）. 中国环境科学研究院清洁生产与循环经济研究中心，2017：4 806-809.

[6] 国务院关于印发全国主体功能区规划的通知（国发〔2010〕46 号）[EB/OL]. （2010-12-21）[2011-06-08]. https://www.gov.cn/zwgk/2011-06/08/content_1879180.htm

[7] 姚扬，乔琦，路超君. 总部经济型开发区生态工业发展模式初探[C/OL]//中国生态经济学会工业生态经济与技术专业委员会理事会，中国生态经济学会循环经济专业委员会理事会. 第二届全国循环经济与生态工业学术研讨会暨中国生态经济学会工业生态经济与技术专业委员会 2007 年年会论文集[2007-12-15]. https://www.zhangqiaokeyan.com/academic-conference-cn_meeting-21443_thesis/02022364600.html.

[8] 国家生态工业示范园区建设协调领导小组办公室. 关于推进国家生态工业示范园区碳达峰碳中和相关工作的通知（科财函〔2021〕159 号）[EB/OL].（2021-09-01）. https://www.mee.gov.cn/xxgk2018/xxgk/sthjbsh/202109/t20210901_884575.html.

[9] 张玥，乔琦，姚扬，等. 我国生态工业园区政策分析[C]//中国环境科学学会. 2015 年中国环境科学学会学术年会论文集（第一卷）. 中国环境科学研究院清洁生产与循环经济研究中心，2015：6

275-280.

[10] 田金平，刘巍，臧娜，等. 中国生态工业园区发展现状与展望[J]. 生态学报，2016，36（22）：7323-7334.

[11] 严彬，袁哲，王忠昊. 江苏省生态工业园区的建设分析与思考[J]. 环境科技，2021，34（05）：72-76. DOI：10.19824/j cnki.cn32-1786/x.2021.0077.

[12] 罗江良. 利剑出鞘绿色发展——广州市黄埔区全力推进国家生态文明建设示范区建设[J]. 环境，2020，（06）：46-47.

[13] 前瞻经济学人. 重磅！2023 年中国及 31 省市生物医药行业政策汇总及解读（全）成为国民经济支柱产业[EB/OL]. （2023-07-10）. https://baijiahao.baidu.com/s？id=1771020790740774501&wfr=spider&for=pc.

[14] 前瞻产业研究院. 2023 年中国及 31 省市化工新材料行业政策汇总及解读（全）产业向高端化和差异化发展[EB/OL]. （2023-07-10）. https://new.qq.com/rain/a/20230710A0291U00.

[15] 前瞻产业研究院. 重磅！2021 年中国及 31 省市新能源行业政策汇总及解读（全）[EB/OL]. （2021-08-04）. https://stock.stockstar.com/IG2021080400001925.shtml.

[16] 傅芳萍，唐三伏. 浅谈我国环境保护法的立法完善[EB/OL].（2008-09-02）. https://www.chinacourt.org/article/detail/2008/09/id/320679.shtml

[17] 王金南，秦昌波，万军，等. 国家生态环境保护规划发展历程及展望[J]. 中国环境管理，2021，13（5）：21-28，20.

[18] 宋丹娜，白艳英，于秀玲. 浅谈对新修订《清洁生产促进法》的几点认识[J/OL]. 环境与可持续发展，2012，37（06）：14-17. DOI：10. 19758/j.cnki.issn1673-288x.2012.06.004.

[19] 新华社. 多部门发布《“十二五”危险废物污染防治规划》[EB/OL].（2012-11-01）https://www.gov.cn/jrzg/2012-11/01/content_2255852.htm

[20] 平顶山市生态环境局. 大气污染防治法解读[EB/OL].（2018-03-17）https://sthjj.pds.gov.cn/contents/11282/80891.html

[21] 田晓歌. 低碳经济背景下的中国节能减排发展研究[J]. 资源节约与环保，2013（12）：4-4.

[22] 沈霁华. 我国节能减排政策的演变历程与发展趋势研究[D]. 中国石油大学（华东），2014.

[23] 唐先棣. 坚持目标管理、依靠技术进步、降低能源消耗[J]. 节能，1988（09）：42-44.

[24] 陈新民. 对“拨改贷“变为”贷改投“的思考[J]. 现代会计，1996（6）：7.

[25] 李增义. 中国的节能政策与措施[J]. 福建能源开发与节约，1994（3）：4-7.

[26] 岳佩萱. 中国节能政策变迁研究[D]. 山西大学，2016.

[27] 苗颖. 我国污染减排政策的传导机制及有效性[N]. 光明日报，2015-09-13（007）.

[28] 钱立华. 绿色金融国际合作实践[J]. 中国金融，2017（4）：2.

[29] 白永秀，鲁能，李双媛. 双碳目标提出的背景，挑战，机遇及实现路径[J]. 中国经济评论，2021（5）：4.

附录

附录一　水环境治理

连云港开发区以“三全理念”治水实现“优Ⅲ”比例百分之百

2023年，连云港开发区涉及的大浦河大浦闸、排淡河大板跳闸、烧香河烧香北闸、东盐河242公路桥4个国省考断面平均水质全部达到Ⅲ类考核要求，达到有监测以来历史最优水平。

一、全流程管理，坚决阻断污染输入

开发区遵循“源头消减，过程控制，末端治理”的理念，从打击“散乱污”企业、落实排污口整治、加强截污管网建设、完善污水收集处理基础设施等方面，全方位推动水污染治理工作。

推进水污染整治工程，源头治理是第一步。2019年以来，全区共检查重点排水企业70余家，封堵企业不规范排口20余个，责令整改17家，关停取缔涉水“小散乱污”企业8家。同时，全面推行排水许可证制度，要求所有企业必须“持证排污”，从而降低了污水处理的末端压力。

在实现污水管网集中处理的过程中，完善基础设施是重中之重。一方面，连云港开发区对辖区雨污管网开展了全面“健康体检与修复”，共排查市政管网超 130 km，发现并修复雨污串流点位101处，实施污水截流工程100余项；另一方面，完成了全区23个村居污水治理设施全覆盖，新建污水管道158 km、分布式污水处理站4座。

此外，在末端河道排口整治上，连云港开发区累计完成20条区级以上河道（支流）总长约80 km的专项排查，排查发现、定位编号河道排口588个，针对发现的21个问题排口制定“一口一策”方案并推进整改。

二、全要素防控，织密硬核“防控网”

为实时监控水质，连云港开发区全面强化水质的监测监控和应急预警，对区内19条河流共35个断面实现逐月水质监测，督促29家重点企业安装污水在线监控设施，开展

涉水企业常态化监督性监测，制定《突发水环境污染应急处置工作预案》，及时掌握环境质量和排水水质的变化情况，逐步探索监测断面水质变化规律，及时预警可能发生的区域突发水环境污染隐患，为政府加强水环境管理提供技术支撑。

为解决临港园区主要河道水系不畅的问题，连云港开发区投入资金 1.5 亿元，分批组织实施“345”工程——新开挖河道 3 条，新建节制闸 4 座，疏通整治河道 5 条。以上工程实施后，有效打通了“断头河”，引入清水、疏浚活水，定期开展生态补水，提升河道自净能力。

为巩固治水成效，稳定实现河流长治久清，连云港开发区实施区级“治水”工程 55 项，总投资 2.15 亿元，新（扩）建并提标改造宇田药业等 9 家企业污水处理站，提高企业污水末端处理能力，促进水污染治理效率及质量全面提升。项目全部按“一图一表”倒排工期，挂图作战，定期调度、统筹推进。

三、全天候监管，筑牢污染“防火墙”

为加大污染企业管控力度，连云港开发区积极探索，建立了“巡察+抽查+轮查”的全天候防控机制。监管工作坚持领导带队，组建巡察队伍，全员参与，实施“白+黑”巡察，开展日常巡察及夜查，对企业排口“双随机”执法监测；开展“雨+晴”抽查，坚决杜绝企业利用雨天“浑水摸鱼”偷排，在下雨天临时抽检雨水排口，晴好天特别关注无故冒水点，形成督促守法态势；实现“常+休”轮查，全面加强闸口排口管控，确保监管无死角、排查无盲点。

连云港经济技术开发区河长制工作高质量发展实施方案

为进一步贯彻落实中央及省、市关于河长制决策的部署，根据《连云港市河长制工作领导小组关于印发连云港市河长制工作高质量发展实施方案的通知》（连河长〔2020〕2号）精神和2020年第1号《连云港市总河长令》要求，制定了本实施方案。

一、准确把握河长制高质发展指导思想及目标要求

坚持以习近平新时代中国特色社会主义思想为指导，紧紧围绕决胜高水平全面建成小康社会和"高质发展、后发先至"建设目标，按照打赢打好碧水保卫战、河湖保护战部署要求，健全完善责任清晰、协调有序、保障有力、监管到位的河长制工作体制机制，形成党政负责、水利牵头、部门协同、一级抓一级、层层抓落实的工作格局。充分发挥河长制的制度优势和河长的核心作用，推动河道水质稳定达标、河道生态有效修复。力争到2020年底，全区入河农业面源污染大幅消减，工业废水和生活污水治理能力进一步提升，东盐河、大浦副河、排淡河等国省考断面稳定达标，重点河道岸线两违治理成效进一步巩固，生态河库样板打造取得新成效，努力打造开发区"河清、水畅、岸绿、景美"人水和谐的幸福家园。

二、坚决打赢碧水保卫战河湖保护战

（一）全力做好国省考断面水质稳定达标。严格执行《中华人民共和国水污染防治法》，坚持标本兼治、防治并重、城乡统筹、水岸联动，实施全过程监管、全体系治理。进一步巩固河道整治攻坚行动成效，制定实施2020年度攻坚方案，实现大浦河、东盐河、排淡河水质稳定达标。参照大浦河整治工作经验，以流域长制为抓手，全面开展骨干河道各支流集中整治，加大对排污企业的监管和整治力度，堵住源头，从根上治水。

（二）持续推进河湖岸线"两违三乱"清理。开展"两违"整治任务"回头看"，对全区市级和区级、街道级河道进行再次排查，形成新一轮问题清单，2020年底全面完成市级重点河道"两违"整治任务。同步推动"两违"整治从市级河道向区级、街道级河道延伸，实现整治工作无死角、全覆盖。常态化实施水域监测、岸线开发利用监测，网

格化管理机制覆盖市、区、街道级重点骨干河库。

（三）大力开展重点河道水生态修复。顺应自然，坚持山水林田湖草系统治理，加强河湖生态的整体保护、系统修复。加快开泰河岸线美化、绿化工程建设。投入800万元，实施开泰河（开泰路—东方大道段）绿化工程，修复河道生态。加大东盐河样板河道打造力度，创建生态河库示范乡镇。推动水系连通工程建设，打通水系连通“最后一公里”。

（四）进一步改善水环境建设面貌。基本完成开发区建成区黑臭水体治理，有序推进农村黑臭水体整治。开展全区河湖“水面漂浮物”歼灭战，重点河道保洁实现全天候、无死角、全覆盖。推动区住建局和各街道完善河道保洁工作机制，落实保洁经费和保洁人员。实施曹圩河改道、开泰河清淤、西墅河疏港河连通、运盐河排淡河连通等河道整理工程，疏浚淤积河道，连通断流水体，实现生态补水。结合农村人居环境治理提升，实施农村清洁河道行动，以房前屋后河塘沟渠为重点实施清淤疏浚，采取综合措施恢复水生态，逐步消除农村黑臭水体。将农村水环境治理纳入河长制管理，全面推广农村河道“五位一体”综合管护模式，严控农村生活垃圾、生产垃圾、污水废水入河，多管齐下整治农村水环境，实现长治久清。

三、全面完善河长制工作体制机制

（一）聚焦河长履职。贯彻落实《水利部办公厅印发关于进一步强化河长湖长履职尽责的指导意见的通知》精神，根据《江苏省河长湖长履职办法》《连云港市河长履职办法》要求，明确河长职责，推动河长分级分类依法履职。区级河长要统筹推进责任河库内市、区交办事项的落实，组织清理涉河“乱占、乱建、乱排”“违法建设、违法圈圩”等问题，监督本级部门和街道级河长履职，督促有关部门做好水质监测管理、重点企业排污和城乡生活污水处理工作。街道级河长要组织落实责任河库（河段）岸线管理人员和管护经费，监督管护效果，对巡察发现的问题组织整改，监督本级部门和村（居）级河长履职。村（居）级河长要在村（居）民中开展河湖保护宣传，组织订立河湖保护的村规民约，对相应河湖进行日常巡察，对发现的涉河湖违法违规行为进行劝阻、制止，能解决的及时解决，不能解决的及时向相关上一级河长或部门报告，配合相关部门现场执法和涉河湖纠纷调查处理等。

（二）强化联动协作。建立健全流域长制，下好河长治水“一盘棋”，协调解决上下游、左右岸、河流交汇处和交界跨界等复杂河道治理管理重点、难点以及群众反映强烈的突出问题。不断完善政府机关、群团组织、媒体力量、社会公众共同治理管护河湖的整体联动机制，形成全民全员全社会参与的河道管理格局；探索联合河长制，实现共商共治共享。配齐配强各级河长办工作力量，组织河长、河长办人员培训。强化农村河道河长制工作，落细落实小微水体管护责任，打通河道管护“最后一公里”。

（三）严格考核督导。继续将河长制工作纳入街道年度目标考核，强化河长制各项制度落实情况检查，实施基层河长履职能力提升行动，通过通报、曝光、约谈、问责等方式，推动河长履职尽责。充分利用市级河长制管理信息平台，推进河长巡河、河长办巡察、涉河行业监督管理、公众监督举报问题处理过程可视化。坚持源头严防、过程严管，强化事中事后监管，逐步推进面向公众、面向河长的公开监督管理模式，实现“一事一办”。提高监督检查效率和成果质量。

（四）强化宣传引导。创新宣传方式，丰富宣传载体，加强与公众互动，形成广覆盖、多角度、全方位、立体化的宣传格局。加强警示教育，提升社会公众对河道违法行为的认知。坚持正向引导，积极选树和宣传先进典型，及时总结推广好经验、好做法，形成各具特色的宣传工作局面。积极培育民间河长、企业河长，聘请各类河库社会监督员，对河库管理保护进行监督和评价，充分调动社会公众和社会组织、企事业单位的积极性，凝聚全社会管护河库的合力。

附录二　大气环境治理

连云港开发区大气污染防治“精准管控、分类治理”工作机制

2019 年以来，开发区按照“精准管控、分类治理”的思路，以“5+2、白加黑、全天候”的硬措施，从燃煤锅炉淘汰、工业源治理、扬尘治理、VOCs 治理、城市污染综合治理等多方面开展工作。每年的年度“治气”工程均率先全面完成，秸秆综禁工作连续 11 年实现夏秋收期间“零火点、零抛河”，企业友好减排、深度减排执行到位。截至 2023 年年底，全区大气 $PM_{2.5}$ 平均浓度为 30 μg/m^3，较 2019 年下降 23.1%，空气优良率达 82.5%，较 2019 年提升 12.2%，空气质量有了质的改善和提升。

一、理顺体制、协同配合，精干力量齐上阵

连云港开发区成立了大气攻坚行动总指挥部，连云港开发区管理委员会主要领导、分管领导、协管领导分别担任正副指挥长，将 12 职能部门、3 个街道办事处纳入责任主体，区经发局、住房城乡建设局、综合行政执法局、应急管理局、生态环境分局、中云街道等单位抽调了 13 名工作人员组成 4 个小组，分责任片区包干排查整治大气污染源，对排查发现的问题实施挂图作战，按点督查，每日推进，逐个销号。

二、突出“六治”、全线出击，点面结合强攻坚

大气治理是一个系统工程，连云港开发区明确了以治理工地扬尘、治理裸土堆场、治理交通污染、治理涉气企业、治理餐饮油烟、治理燃煤使用等为主攻方向的“六治”思路，先后投入资金 1.5 亿元，全区 62 个建筑工地安装了围挡、喷淋设施以及在线监测和视频监控系统覆盖、硬化裸土场地 30 多处，定期开展在用车尾气排放联合执法检查，落实车辆限行措施，黄河路、珠江路、泰山路等敏感路段禁止大型车辆通行，完成 23 家重点企业废气治理提升改造，对辖区 344 家餐饮店净化设施进行定期维护、长效管控，禁燃区内禁止销售、使用燃煤。通过综合治理，明显削减了 $PM_{2.5}$、VOCs 等大气污染物的排放。

三、精准溯源、创新机制，科学治理重保障

为了实现大气污染科学治理，连云港开发区不仅“苦练内功”，而且积极“借助外脑”。通过对接江苏省环保集团等专业第三方，开展点位数据控制分析工作，同时委托专业第三方对德源大气国控点位进行 $PM_{2.5}$ 源解析检测。因为大气污染控制的相关方很多，部门职责也有交叉，所以连云港开发区创新管理机制，实施多部门联合执法制度，充分利用生态环境、应急管理、市场监管、住房城乡建设、交警、公安、经发等部门的职责分工和行业管理规定，对各类大气环境违法行为坚持“零容忍”，保持依法严厉打击的高压态势，最大限度减少大气污染物排放。为了确保整治到位，区大气办会同区纪工委监察工委实行“每日通报、每周小结、半月督办、每月总结”，依据项目清单进行督查督办，保障了治理工作有序有力推进。

附录三　生态环境管理制度创新

连云港经济技术开发区生态环境政策集成改革案例

一、制度创新

1．严格项目准入及优化环评审批。建立了开发区产业负面清单，实施项目准入部门联席预审制度。截至目前，已通过联席预审会否决不符合产业定位、高污染、高能耗等招商项目 5 个、建议另行选址 2 个，总投资超过 10 亿元。推行重大项目（一般为环境影响报告书）土建部分污染防治备案承诺制，在满足项目总体布局和后续环保设施建设要求的前提下，允许同步报批项目环评。已落地项目技改扩建无须预审，立项和环评实行快速并联审批。通过改革，解决了重大项目环评审批周期长影响开工建设问题，开工时间较往年提前 2 个月以上。

2．高起点、高定位建设中华药港。围绕“全国一流、世界知名”总体定位，根据连云港市委、市政府决策部署，建设中华药港，位于连云港经济技术开发区临港产业区，总规划 30 km^2，其中核心区为 6 km^2，重点构建“3+2+X”产业体系，“3”即巩固发展化学药、现代中药和生物药三大优势产业；“2”即培育发展药用包材和药用辅料两个配套产业；“X”即鼓励扶持医疗器械、制药装备以及其他大健康特色产业。印发了《中华药港企业入驻服务管理办法》，加快推进发展生物药、高端化学药、现代中药、高端医疗器械、特医食品和医药服务产业，建立了专家咨询委员会和生态环境、应急管理部门授权代表，批量式、专业化、高效率开展入园项目审核。同时，明确了禁止准入安全、环保高风险、高污染项目的范围。目前，已完成 4 个批次 31 个项目入园集中审核，其中杰瑞药业研发中心等 23 个项目通过准入，较原先流程节约时间 1/2 以上，中华药港 150 万 m^2 商务办公、科创研发专业实验室、智能制造厂房、教育培训空间等资源分配实现了精准化、集约化、科学化。

3．开展自贸试验区行政审批“1220”改革。依托连云港自贸试验区开展行政审批“1220”改革，实行“一窗收件，分头预审，多部门网上并联审批”新机制，实现 1 个工作日内完成企业开办、2 个工作日内完成不动产登记、20 个工作日内完成一般工业建设项目施工许可证的“1220”模式。全面优化、合并企业注册、项目准入、行政审批、证照办理等事项的流程，依托“互联网+”功能，大幅提升了行政服务效率和软环境，为扩大对外开放奠定了坚实基础。推行“证照联办”，19 种证照、25 个审批事项“多证合一”，做到“一次性办理，一窗发证”。

此项改革极大提升了企业办证效率，自贸试验区连云港片区新增市场主体同比增长超过 70%。

4．“三全”理念立体推进水污染防治。连云港经济技术开发区创新推出“全流程、全要素、全天候”防控举措，立体化推进水污染防治工作。一是全流程防控。源头抓企业污染管控，过程抓基础设施完善，末端抓河道排口整治。二是全要素防控。从水系连通生态补水、监测监控预警处置、工程治理等要素入手，确保治理成效。三是全天候防控。全面加强执法监管，通过“白+黑”巡查、“雨+晴”抽查、“常+休”轮查。

通过聚焦问题、部门联动、精准发力，辖区内所有国省考断面全部为Ⅴ类水质以上，其中大浦河大浦闸、大浦河调尾公路桥断面均达到Ⅳ类水。由于开发区决战决胜“碧水保卫战”创新突出，成效显著，获得《中国环境报》和新华网专题报道。

5．建立安全生产监管 “五化合一”精准工作法。从项目建设周期、企业生产过程、从业人员管理和重点时段管控 4 个维度，全流程、全方位分析企业安全生产管理和政府部门安全监管工作中存在的问题，总结形成“企业安全管理标准化、部门行业监管清单化、街道基层监管网格化、安全风险管控信息化、安全技术服务社会化”的“五化合一”精准管理和监管模式。

推行安全生产监管 “五化合一”精准工作法，推动了企业安全风险管控能力明显提升，行业主管部门安全监管水平明显提高。2020 年，监管部门累计开展精准执法检查 1 079 家次，排除各类隐患 4 646 条；常态化开展夜查 96 家次，整治事故隐患 3 481 条，取缔“散乱污危”企业达 200 余家；片区规上企业全部实现安全隐患动态闭环管理。2020 年，片区生产安全事故起数、死亡人数分别下降 82%、60%。

二、企业实践

1．建设开发区智慧水务运营中心。依托国资平台江苏新海连发展集团有限公司建设智慧水务运营中心，该中心位于开发区花果山大道与盐池西路交叉口，于 2020 年 10

月开工建设，计划于 2021 年 8 月投入使用。运营中心共两层，建筑面积为 2 500 m^2，一层为智慧水务运营中心，二层为新海连水务公司办公场所。智慧水务运营中心采用智能化、现代化运营方式将全区 17 个污水泵站、2 个集中式污水处理厂（日处理能力 14.8 万 t）及数千公里给排水管网等设施有机整合，构建成园区水务物联网的智慧大脑，用数据决策、数据管理、数据服务，打造“全区一张网、一个平台”的科学管理模式。运营中心将促进我区排水行业良性发展，提升片区水环境治理质量，成为开发区智慧城市运营重要对外展示窗口。

2．康缘药业公司中药智能化数字提取工厂项目。江苏康缘药业股份有限公司投资 4.8 亿元建成全国首家中药智能化数字提取工厂项目，被列入国家智能制造名录。该项目依托高效节能和先进制造自动装备，运用 DCS、PAT 和 PKS 等技术实现了中药复杂体系生产过程的封闭式、数字化、动态优化生产，是目前我国中药制药过程控制水平最高、信息化和智能化实施水平最高的生产线。该项目通过自动化控制系统，实现全程监控，杜绝了污染物“跑、冒、滴、漏”。

通过推动中药智能化数字提取的产业化改造，减少了物料以及能源的损失浪费，相对传统中药提取工艺能耗降低 25%，水耗减少 18%，无组织废气排放减少 85%以上。中药提取后产生的药渣用以生产有机肥，实现了固体废物的资源化和零排放。

3．露杰食品公司试点“环保管家”托管运维。通过政策引导，鼓励和推动企业在生产管理过程中委托第三方开展专业污染治理，露杰（连云港）食品有限公司先行先试，引入苏州宝典环保科技有限公司作为专业第三方托管运维污水处理站（200 t/d）和纯化水站（80 t/d），规范化统筹日常运维和台账记录，建立了月报制度。通过试点，不仅提升了企业环保管理专业化水平，而且每年节省企业人工、日常运维等经费 50 万元以上。

4．生命健康产业孵化器建设。江苏鑫科医药产业投资发展有限公司设立了生命健康产业孵化器，包含孵化器、研发楼、展示中心，拥有自主孵化面积 1.2 万 m^2，为生命健康产业中小企业提供包括信息、技术、设备、人才、资本等核心要素以及涵盖项目孵化、加速到产业化等环节的全过程、多维度专业服务。目前已引入 12 个项目，新增投资 1.45 亿元，新增就业岗位 117 个，实现了生命健康产业从实验室科研、小试、中试等发展生命周期延伸和体系化发展。

连云港经济技术开发区工业企业环保管理规范化建设指南

为进一步加强开发区工业污染源环境管理工作，规范全区工业企业的环境行为，推动企业主动承担法律法规赋予的环境保护社会责任，特制定《开发区工业企业环保管理规范化建设指南》。

一、建立企业环保管理组织网络

企业应设置环境管理和环境监测机构，建立企业领导、环保管理部门、车间负责人和车间环保员组成的企业环境保护网络。企业环境保护机构应设置一名企业领导分管环境保护工作，配备环保专业技术人员。治理设施运行管理必须配备保证正常运行的足够操作人员，设立能够监测主要污染物和特征污染物的化验室，配备专职的化验人员。

要求：①企业以内部文件形式下发；②纳入企业环境保护管理档案；③在醒目位置设立企业环境管理体系网络图。

二、明确企业环保管理职责

1．法定代表人职责

对本企业的环境行为负全责，了解本企业的主要排污情况及所存在的主要环境问题，宏观控制企业环保工作的发展方向。

（1）负责环保组织架构和环境管理体系的建设。

（2）负责组织环保制度、环保目标（包括污染物减排、清洁生产）和环保规划的制订。

（3）负责环保人员的调配和职责分工。

2．分管负责人职责

负责领导本企业环境保护工作的管理和监测工作，熟知国家环保法律法规的有关规定及地方的环保要求，了解本企业的生产工艺流程、主要产污环节、处理设施的运行情况以及企业排污情况，支持和指导环保职能部门开展环保工作。

（1）落实环保制度、分解环保目标和环保规划。

（2）组织开展环保技术交流，推广实施环保先进技术和经验，协调企业与政府生态环境部门的工作。

（3）宣传和执行环境保护法律法规及有关规定，促进本企业生产可持续发展。

3．环保管理职能部门职责

（1）认真贯彻执行国家、上级主管部门的有关环保方针、政策和法律法规，主动了解熟悉国家和省、市及行业环保法律法规与政策标准，负责组织本企业的环境管理和环境监测工作。

（2）负责组织实施企业环保规划、污染物减排规划、应急方案，编制年度环保工作总结报告。

（3）监督检查企业“三废”治理设施运行情况，参加新建、扩建和改造项目方案的研究和审查工作，参加项目环保设施的竣工验收，提出环保意见和要求。

（4）组织企业内部环境监测，掌握原始记录，建立环保设施运行台账，做好环保资料归档和统计工作，及时向生态环境行政主管部门报告情况。

（5）组织企业员工进行环保法律法规的宣传教育和培训考核，增强员工的环保意识。

4．车间负责人职责

车间负责人负责组织实施和完成企业下达的各项环境保护目标任务，组织做好车间环境保护目标任务的考核工作。

5．车间兼职环保员职责

（1）做好本车间废气、废水、固体废物等的排放量统计工作，随时了解掌握生产排污量是否正常，并及时汇报。

（2）协助检测人员对本车间排污状况实施监测，在非正常情况下车间兼职环保员可直接向企业主要领导汇报情况。

要求：①企业以内部文件形式下发；②纳入企业环境保护管理档案；③在厂长（经理）室、环保科、车间等张贴。

三、健全企业环保管理台账资料

1．环评文件，包括环境影响报告书（报告表、登记表）、环评批文。

2．企业环保“三同时”验收资料。

3．企业环境保护职责和管理制度。

4．各类污染物处理装置设计、施工资料、竣工验收资料。

5．企业污染物排放总量控制指标和排放污染物申请登记表。

6. 废水和废气污染物处理装置日常运行状况和监测记录、报表，包括现状处理量、处理效率、运行时间、处理前和处理后排放情况、日常运行存在的问题及解决措施落实情况。

7．废水排放管网和在线自动监测仪器日常维护保养记录。

8．分析监测仪器和设备日常维护和计量记录。

9．工业固体废物委外处理协议，真实准确地在网络平台填报危险固体废物安全处置申报数据及相关材料。

10．企业主要噪声污染源数量、噪声级和厂界噪声监测数据。

11. 防范环境风险事故措施和环境风险事故应急预案，事故应急演练组织实施方案、记录。

12．环境风险事故总结材料。

13．企业环境管理工作人员专业技术培训登记情况。

14．适用于本企业的环境保护法律法规、规章制度及相关政策性文件。

15．环评文件中规定的环境监控监测记录。

16．企业总平面布置图和污水管网线路图，总平面布置图应包括废气污染源和污水排放口位置。

要求：①以上台账资料纳入企业环境保护管理档案；②按档案管理要求分类分年度规范装订；③资料台账完善整齐，排污许可证齐全，监测记录连续完整，指标符合环境管理要求，能反映企业在环保方面的全面情况。

四、执行环保管理制度

1．建设项目环境影响评价与“三同时”制度

严格执行《中华人民共和国环境影响评价法》、国务院《建设项目环境保护管理条例》等法律法规，所有新建、扩建和技术改造项目，必须在开工建设前完成环境影响评价并通过有权生态环境部门审批。

建设项目环境影响评价文件经批准后，项目的性质、规模、地点或者采用的生产工艺发生重大变化的，应当重新报批。环境影响评价文件自批准之日起满 5 年，建设项目方开工建设的，其环境影响评价文件应当报原审批机关重新审核。建设项目环境影响评

价文件通过生态环境部门审批后，项目方可开工建设。

建设项目需要配套建设的保护环境设施必须与主体工程同时设计、同时施工、同时投产使用。

2. 排污许可证制度

严格执行排污许可证制度，企业排污状况发生重大变化时，及时向生态环境行政主管部门报告，按照生态环境行政主管部门核定的年度污染物排放总量指标，组织实施逐级分解和严格考核，确保持证排污，不超标排污。

3. 总量控制及污染物减排制度

对照生态环境主管部门下达的污染物总量指标和污染物削减任务，制定污染物削减方案，落实清洁生产审核、建设项目环保“以新带老”制度、产业结构调整和产业换代升级等总量削减措施，确保排污总量得到有效控制，保证污染物减排指标的完成。

4. 排污申报制度

严格执行排污申报制度。申报的主要内容：排污者的基本情况，正常生产和实际作业条件下排放污染物的种类、数量、浓度、处置及排放去向、地点和方式，污染治理和各类污染物综合利用等状况。

5. 达标排放制度

依据国家及地区相关法律法规要求，规范化建设废水排放口、废气排放口。确保污染治理设施长期、稳定、有效运行，不得擅自拆除或闲置污染治理设施，不得故意不正常使用污染治理设施，确保污染物达标排放。固体废物堆放应设置暂存处，暂存处必须符合《危险废物贮存污染控制标准》（GB 18597—2001），严格落实“五防”（防雨、防晒、防渗、防火、防扬散）要求，并设置标志标识牌。污染治理设施的管理必须与相应的生产活动一起纳入日常管理工作的范畴，落实责任人、操作人员、维修人员运行经费、设备的备品备件和其他原辅材料。

6. 污染治理设施及在线监控装置运行管理制度

制定污染治理设施运行操作规程与管理制度，完善化验室建设和管理制度，由专职人员负责全厂污染处理设施的正常运行、维护及排污状况的监测分析，每天应查看运行记录，对发现的运转设备及安全方面的问题要按照环保组织体系及时报告，采取应急预案，并及时抢修，做好记录，保证设备完好率。

7．环境宣传教育制度

将职工日常环保知识教育纳入企业管理工作体系中。企业应以各种形式，定期对职工进行环保、安全生产教育，并给予相应考核。教育内容应结合企业生产实际情况及典型案例，有针对性地让职工了解企业环保情况、各类污染物排放情况、污染治理工艺及运行情况。企业环境风险应急、常见环保事故的处理及救治也应作为重点内容进行教育。

8．环境风险应急与报告制度

编制企业环保应急预案，并进行演练，重点企业演练每年不少于 2 次。成立应急救援指挥部，分管领导任总指挥，车间成立应急救援小组，负责防护器材的配给和现场救援，厂医院保健站参加现场抢救。各岗位配有洗眼器和冲洗水，厂内各职能部门对化学毒物管理、事故急救、事故污染物处理各负其责。发生突发环境事件应在第一时间向所在地生态环境行政主管部门报告。报告主要内容包括突发环境事件的类型、发生时间、地点、初步原因、主要污染物质和数量、人员受害情况等。

要求：①以上作为企业基本制度以企业内部文件形式下发；②纳入企业环境保护管理档案；③在环保科（安环部）、车间张贴。

五、规范环保现场管理要求

1．企业污染治理设施（含在线自动监控设备）完好，运行正常，污染物达标排放。

2．在企业内部进行环保宣传，各生产线应有标示牌图示生产工艺过程、产污环节、主要污染物名称及单位产品产污量、污染物处理方法和污染物排放去向。在企业醒目位置设立污染源分布图、污染物处理流程图和企业环境保护管理体系网络图公示牌（每块不小于 2 m^2）。

3．根据《江苏省排污口设置及规范化整治管理方法》（苏环控〔1997〕122 号）文件精神，进行排污口规范化整治，整治后的排污口应符合“一明显，二合理，三便于”的要求，即环保标志明显；排污口设置合理，排污去向合理；便于采集样品、便于监测计量、便于公众参与监督管理。具体内容如下。

（1）安装废水流量、水质在线监测系统。

（2）在废水排放口设置 7 m 以上明渠，便于采样和监督管理。

（3）在废气排气筒设置环境保护标志牌和采样点。

（4）在污水排放口设置环境保护标志牌和采样点。

（5）在空压机等高噪声源和噪声监测点处设置噪声环境保护标志牌。

（6）固体废物暂存处特别是堆放危险固体废物处应有规范设置的标志标识牌。

六、附件

企业法人、分管负责人、生态环境部门人员应知应会内容。

1. 企业基本情况介绍（4 项）

（1）建设项目历史、现状、发展。

（2）生产过程中产生的主要环境问题。

（3）所采取的治理环境污染措施。

（4）污染减排、循环经济、清洁生产等情况。

2. 主要产品及其环境保护工作（8 项）

（1）产品名称、规格。

（2）生产工艺。

（3）设计生产能力（t/a）。

（4）原辅材料名称、规格、设计用量。

（5）设计：生产新鲜用水量（t/d）、循环用水量（t/d）、废水排放量（t/d）。

（6）产品生产过程中排污情况。

①废水污染物：COD（化学需氧量）、NH_3-N（氨氮）、TN（总氮）、TP（总磷）及企业特征污染物名称、产生及排放浓度。

②废气污染物：SO_2（二氧化硫）、NO_x（氮氧化物）、VOCs（挥发性有机物）、颗粒物（PM_{10}）及企业特征污染物名称、产生及排放浓度。

③固体废物：一般固体废弃物及危险固体废物名称、产生量。

④噪声污染：产生噪声的设备、名称、数量及噪声值。

⑤核与辐射：放射源名称、产生量。

（7）环境污染治理措施。

①特征废水污染物治理：特征废水污染物处理工艺及相关参数，特征废水污染物处理后排放浓度，特征废水污染物排放去向，特征废水污染物处理过程中所需药剂物品名称、设计使用量，特征废水污染物处理成本。

②废气污染治理：废气污染物治理工艺，废气污染物处理后排放浓度，废气污染物

排放方式，废气污染物处理过程中所需药剂物品名称、设计用量，废气污染物处理成本。

③噪声污染治理：治理措施，治理后噪声排放值。

④固体废物治理：一般固体废物贮存、处置、处理方式，危险固体废物贮存、处置、处理方式，危险固体废物转移申报制度执行情况。

⑤核与辐射治理：放射源贮存、处置、处理方式，放射源转移执行制度情况。

（8）建设项目竣工投产以来各年度上述各项实际状况。

3．公用工程情况（7 项）

（1）锅炉台数、锅炉型号、锅炉吨位。

（2）燃料：燃煤年度设计用量、产地、煤质组分、供应灰渣产生量，燃油或燃气名称、年度设计用量、油质状况。

（3）建设项目竣工投产以来各年度燃煤、燃油、燃气或其他燃料实际用量及燃料状况、燃煤灰渣产生量。

（4）锅炉治理措施：脱硫除尘工艺、脱硫除尘效率、排放浓度和烟囱高度。

（5）建设项目竣工投产以来各年度脱硫除尘所需药剂、物品名称、使用量。

（6）建设项目竣工投产以来脱硫除尘产生的物质名称、数量和贮存、处置、处理方式。

（7）脱硫、除尘成本核算。

4．污水综合处理设施情况（7 项）

（1）处理工艺。

（2）设计处理能力。

（3）设计进水水质、设计出水水质。

（4）设计处理所需添加的药剂、物品名称、处理每吨水的耗量。

（5）设计处理每吨水的污泥产生量、污泥处置方式。

（6）设计处理每吨水的成本费用。

（7）建设项目竣工投产以来各年度污水处理设施实际运行状况。

5．排污许可证（3 项）

（1）核定污染物排放量。

（2）企业污染物排放执行标准。

（3）建设项目竣工投产以来各年度污染物排放量及达标排放情况。

6. 废水、废气在线监控系统建设与运行情况（2 项）

（1）废水、废气在线监控指标。

（2）废水、废气在线监控指标一般数据值。

7. 环境应急（2 项）

（1）环境应急设施名称、处理措施、规模。

（2）环境应急方案主要内容。

8. 污染处理设施管理（3 项）

（1）处理设施运行记录、台账。

（2）处理设施运行操作规程与管理制度。

（3）化验室管理制度、化验室人员配备、化验指标、监测记录与台账。

连云港经济技术开发区国家清洁生产审核创新试点典型案例

全省首个企业“环境保护质量奖”

为优化提升环保服务水平，全面加强污染防治和节能减排激励企业在生态环境保护方面守法合规、勇于创新、绿色发展汇聚力量共同打造现代化新港城几何中心，设立连云港经济技术开发区企业“环境保护质量奖”。重点表彰和奖励在污染防治、节能减排、碳达峰碳中和、达标示范、环境宣教、环保公益、清洁生产等方面做出突出贡献和业绩的企业，有力激励先进，充分调动企业加强环保工作的主动性和能动性，助力深入打好升级版的污染防治攻坚战。

设立总额不少于 100 万元/a 的企业“环境保护质量奖”专项资金。对评选出的“环境保护质量奖”获奖企业，以市开发区管委会和市生态环境局名义进行联合表彰，颁发证书、奖牌和奖金。奖金授予企业环保工作人员并向基层一线倾斜，原则上按照企业主要负责人：分管环保负责人：环保经理（部长）=40%：30%：30%的比例进行分配。

作为全省首个环境保护质量奖，奖金均授予一线环保工作人员，利用小资金撬动基层工作人员对环保事业的热情和积极性，使基层人员在生态环境保护工作中更加积极主动地参与，为园区环境质量改善起到积极的作用。

连云港市生态环境局、连云港经济技术开发区管理委员会《关于设立连云港经济技术开发区企业“环境保护质量奖”的通知》

（连开委〔2022〕8号）

市生态环境局各驻县（区）局、功能板块分局，各处室、直属单位，市开发区各街道办事处、各部门、各企业：

为优化提升环保服务水平，全面加强污染防治和节能减排，激励企业在生态环境保护方面守法合规、勇于创新、绿色发展，汇聚力量共同打造现代化新港城几何中心，经济开发区党工委、管委会和市生态环境局联合会商，决定设立连云港经济技术开发区企业“环境保护质量奖”。现将有关事项通知如下。

一、指导思想

在推进市开发区生态文明建设中，重点表彰和奖励在污染防治、节能减排、碳达峰碳中和、达标示范、环境宣教、环保公益等方面做出突出贡献和业绩的企业，有力激励先进，充分调动企业进一步加强环境保护工作的主动性和能动性，助力深入打好升级版污染防治攻坚战，致力于打造“苏北最高、沿海一流”国家生态工业示范园区。

二、组织领导

为加强和规范评选工作，成立连云港经济技术开发区企业“环境保护质量奖”评选工作领导小组，由管委会主要领导任组长，市生态环境局、市开发区分管领导任副组长，成员包含市开发区纪工委监察工委分管负责人，市开发区经济发展局、财政局、行政审批局主要负责人，市生态环境局开发区分局主要负责人。领导小组办公室设在市生态环境局开发区分局，负责牵头组织评选工作。

三、评选名额及范围

（一）评选名额。15家企业以内。

（二）评选范围。连云港经济技术开发区辖区内生产纳税（不含区外税源企业）、已投产运行且环保守法合规的工业企业。

四、评选条件和标准

（一）坚持以习近平生态文明思想为指导，高度重视生态环境保护工作，模范遵守国家、省市区相关各项生态环境方面法律、法规、规章、政策、标准、文件。

（二）企业环保管理制度健全，日常运行规范，不断加大投入，在污染防治、节能减排、碳达峰碳中和、达标示范、环境宣教、环保公益等方面做出突出贡献和业绩。

（三）近 3 年内无环境违法行政处罚记录且未发生环境污染事件。

（四）获评环保信用绿色等级、市级以上环保信任、环保豁免、环保示范、绿色发展领军、绿色工厂、绿色供应链等荣誉的企业优先推荐入选。

（五）具体评选细则由评选工作领导小组办公室牵头另行制定实施。

五、评选程序

原则上每年开展一次评选工作，按照“企业申报，部门把关，统一审定”的方式进行。

（一）申报。每年 12 月底前发布评选通知或公告，根据自愿原则由企业自主申报，填报《“环境保护质量奖”申报表》并提供相关必要佐证材料，报送评选工作领导小组办公室。

（二）初审。评选工作领导小组办公室牵头，会同市开发区纪工委监察工委、经济发展、财政、行政审批等有关部门进行初步审核，必要时可邀请相关行业专家进行评审，形成拟评选获奖企业名单。

（三）审定。将拟评选获奖企业名单及相关情况提交评选工作领导小组会议审定。

（四）表彰。评选结果经评选工作领导小组批准后开展表彰活动。

六、奖励形式

市、区联合设立总额不少于 100 万元/年的企业“环境保护质量奖”专项资金。对评选出的“环境保护质量奖”获奖企业，以市开发区管委会和市生态环境局名义进行联合表彰，颁发证书、奖牌和奖金。奖金授予企业环保工作人员并向基层一线倾斜，原则上按照企业主要负责人：分管环保负责人：环保经理（部长）=40%：30%：30%的比例进行分配。

七、工作要求

（一）高度重视，加强领导。开展企业“环境保护质量奖”是深入推进生态环保工作、打造一流营商环境的重要创新举措。各相关责任主体要充分认识开展这项工作的重要意义，精心组织，严格程序，认真做好评选工作，同时总结经验，激励先进。

（二）严格标准，确保质量。要严格按照评选条件，优中选优，确保先进性、典型性和代表性。评选工作坚持公开公平公正，鼓励社会和公众的广泛参与。

（三）严肃纪律，从严把关。对未按照评选条件和规定程序申报，或在申报材料中有严重失实的，经查实，取消该企业的获奖资格及相应名额；已经授奖的，撤销其荣誉证书，追回颁发的奖金和奖牌。对在评选工作中有严重失职、渎职或弄虚作假、借机谋取私利、收受贿赂等违法违纪行为的，按照有关规定移交相关纪检政法部门予以严肃处理。

八、评选工作自 2022 年起实施，暂定试行三年。

连云港市生态环境局、连云港经济技术开发区管理委员会《关于表彰 2022 年度连云港经济技术开发区企业“环境保护质量奖”获奖单位的决定》

（连开委〔2023〕10 号）

市生态环境局各驻县（区）局、功能板块分局，各处室、直属单位，市开发区各街道办事处、各部门、各企业：

根据《关于设立连云港经济技术开发区企业“环境保护质量奖”的通知》（连开委〔2022〕8 号）要求，经企业自主申报、形式审查、专家评审、征求意见、会议研究、公示等程序，现对获评 2022 年度连云港经济技术开发区企业“环境保护质量奖”的江苏豪森药业集团有限公司等 7 个企业予以表彰。

希望受到表彰的企业珍惜荣誉、再接再厉，继续发挥在生态环境保护和污染防治方面的示范引领作用。其他企业要以获奖企业为榜样，持续加大环保投入，不断推进绿色发展、低碳发展、循环发展，为开发区建设“苏北最高、沿海一流，大手笔建设现代化新港城几何中心”贡献更大环保力量。

附件：2022 年度连云港经济技术开发区企业“环境保护质量奖”获奖企业名单

附件

2022 年度连云港经济技术开发区企业“环境保护质量奖”获奖企业名单

江苏豪森药业集团有限公司

江苏康缘药业股份有限公司

江苏恒瑞医药股份有限公司

江苏德源药业股份有限公司

中复神鹰碳纤维股份有限公司

连云港润众制药有限公司

东方国际集装箱（连云港）有限公司

中共连云港经济技术开发区党工委会议纪要

（第 10 期）

2023 年 3 月 31 日上午，市委常委、区党工委书记商振江在新海连大厦 1713 会议室召开“三重一大”专题会办会。现将会议议定事项纪要如下：

……原则同意兑现企业“环境保护质量奖”相关事项。

参会领导：商振江 孙爱华 王玉祥 张 磊 闵 浩
王 琪 曹 波 王 芃 马娟娟
田义华 韩 艳 陈敬阳 李大强 殷振邦
刘人铭 赵长学 李 明 韩孝文 王如权

记 录：陈勇池 袁义凡 倪朱雷 窦浩原

“三重一大”上会研究事项

生态环境分局

（2023 年 4 月）

一、关于兑现企业“环境保护质量奖”相关事宜

根据《关于设立连云港经济技术开发区企业“环境保护质量奖”的通知》（连开委〔2022〕8 号）要求，2023 年区财政已设立了 100 万元的专项资金预算，奖金将授予企业环保工作人员并向基层一线倾斜，原则上按照企业主要负责人：分管环保负责人：环保经理（部长）=40%：30%：30%的比例进行分配。2023 年 3 月 14 日，在召开的全区生态环境保护暨深入打好污染防治攻坚战推进会上，区管委会与市生态环境局领导共同为豪森药业等 7 家企业颁发了 2022 年度连云港经济技术开发区企业“环境保护质量奖”。

为切实贯彻设立企业“环境保护质量奖”的文件要求和商常委在会区环保大会上关于奖励到企业工作人员的重要讲话精神，结合评选的企业数量，建议按照每家企业 12 万元进行奖励，7 家企业合计使用专项资金预算 84 万元。由生态环境分局会同区财政局落实资金拨付相关工作，奖金拨付至企业账户（缴税由企业自理），同时要求企业严格按照文件要求上报被奖励人员名单及相关身份信息，并提供转账拨付等相关凭证，以督促指导企业将奖金落实到人。鉴于企业参与生态环保工作人员较多，特别是有多个厂区的企业，建议鼓励获奖企业给予工作员配套奖励。

连云港经济技术开发区企业“环境保护质量奖”评审细则

企业名称：

一级指标	序号	二级指标	是否具备申报条件（在□内打√）	
基本条件	1	坚持以习近平生态文明思想为指导，高度重视生态环境保护工作，模范遵守国家、省区市相关各项生态环境方面法律法规、规章、政策、标准、文件	是□	否□
	2	企业环保管理制度健全，日常运行规范，不断加大投入，在污染防治、节能减排、碳达峰碳中和、达标示范、环境宣教、环保公益等方面做出突出贡献和业绩	是□	否□
	3	近3年内无环境违法行政处罚记录且未发生环境污染事件	是□	否□

一级指标	序号	二级指标	评分标准	得分
节能降耗	1	产品综合能耗（6分）	产品全生命周期能耗较低，达到能耗限额国家标准，为同类型可比产品中能效领先的产品，达到行业清洁生产指标体系Ⅰ级基准值，得6分；达到Ⅱ级基准值，得4分；达到Ⅲ级基准值，得2分	
	2	产品电耗（6分）	产品单位电耗达到国家标准，且在同行业中处于先进水平，达到行业清洁生产指标体系Ⅰ级基准值，得6分；达到Ⅱ级基准值，得4分；达到Ⅲ级基准值，得2分	
	3	产品水耗（6分）	采用节水器具和设备，生产用水满足国家对本行业用水定额要求，达到行业清洁生产指标体系Ⅰ级基准值，得6分；达到Ⅱ级基准值，得4分；达到Ⅲ级基准值，得2分	
循环利用	4	产品可回收利用率（8分）	企业使用回收材料、可回收原料，且满足国家对本行业标准要求，产品可回收利用率达到80%及以上，得8分；产品可回收利用率达到50%及以上，得4分；产品可回收利用率达到30%及以上，得2分；产品不可回收利用，得0分	
	5	有害物质使用（7分）	产品（包括原料和辅料）未使用国家、行业明令禁止和淘汰的原材料，得7分，若使用得0分	
	6	固体废物资源化综合利用（8分）	固体废物资源化综合利用达到行业清洁生产指标体系Ⅰ级基准值，得8分；达到Ⅱ级基准值，得4分；达到Ⅲ级基准值，得2分	
	7	用水循环利用率（8分）	工业用水重复利用率达到行业清洁生产指标体系Ⅰ级基准值，得8分；达到Ⅱ级基准值，得4分；达到Ⅲ级基准值，得2分	

一级指标	序号	二级指标	评分标准	得分
污染治理	8	污染治理设施（5分）	投入适宜的污染物处理设施，处理能力应与生产排放相适应。污染治理设施通过监管部门验收，得 5 分，未通过验收的不得分	
	9	污染监测监控能力（10分）	排污许可证中的自行监测方案符合国家规范要求，建立全污染物监测监控能力。自行监测方案符合国家规范要求并严格落实的得 5 分；建立形成全污染物监测监控能力的得 5 分；反之不得分	
	10	碳排放（8分）	单位产品碳排放指标位于行业前 20%水平，得 4 分（装备、电子、电器等离散制造业可采用单位产值或单位工业增加值指标）；位于前 5%的，得 8 分；其他得 0 分	
	11	水污染物排放（8分）	水污染物排放应低于国家、行业及地方标准，满足区域排放总量控制要求，特殊区域内的企业还应满足区域水污染物特别排放限值要求，或在满足要求的前提下委托具备相应处理能力和资质的处理企业处理。排放值达到行业清洁生产指标体系Ⅰ级基准值，得 8 分；达到Ⅱ级基准值，得 4 分；达到Ⅲ级基准值，得 2 分	
	12	大气污染物排放（8分）	大气污染物排放应低于国家、行业及地方标准，满足区域排放总量控制要求，重点行业企业还应满足超低排放标准要求。排放值达到行业清洁生产指标体系Ⅰ级基准值，得 8 分；达到Ⅱ级基准值，得 4 分；达到Ⅲ级基准值，得 2 分	
	13	固体废物、危险废物的产生和处理（8分）	固体废物、危险废物的处理应符合国家、行业、地方相关法律法规政策标准，无法自行处理的，应交由具备相应处理能力和资质的企业进行处理。固体废物产生和处理达到行业清洁生产指标体系Ⅰ级基准值，得 8 分；达到Ⅱ级基准值，得 4 分；达到Ⅲ级基准值，得 2 分	
	14	噪声排放（4分）	厂界环境噪声排放应低于国家、行业及地方标准。监管部门监督性监测或企业自主委托第三方监测机构开展噪声监测，达标的，得 4 分，不达标的，得 0 分	

一级指标	序号	二级指标	是否具备，每有 1 项，市级加 1 分，省级加 2 分，国家级加 4 分（在□内打√并计分，否为 0 分）	
加分项目	1	环保信用绿色等级	是□　否□	
	2	环保示范性企业	是□　否□	
	3	绿色工厂	是□　否□	
	4	绿色供应链管理企业	是□　否□	
	5	绿色发展领军企业	是□　否□	
	6	其他节能环保方面荣誉称号	是□　否□	
总得分				
评审专家签字：				

备注：基本条件为一票否决项，不满足的企业总得分为 0。

（2）康缘药业数字化提取工程及智能制造

江苏康缘药业股份有限公司自 2015 年“现代中药数字化提取精制工厂”被工业和信息化部列入首批智能制造试点示范项目——“中药制药智能工厂试点示范”以来，在“十三五”（2016—2020 年）期间，持续加大对中药智能制造转型升级的投资力度，为地方经济和中药产业发展做出了突出的贡献。

借助“十三五”期间国家大力推动企业开展智能化转型的东风，江苏康缘更加深入开展了智能化建设和改造，并逐步建成和完善了中药智能化提取精制车间、中药注射剂智能制造车间、中药智能化固体制剂工厂、中药智能化口服液车间、智能化仓库 5 个智能化车间或仓库，建设总投资超过 5 亿元，占地近 5 万 m^2，建筑面积超 10 万 m^2。设计采用了在线质量控制、自动化控制、智能物流等智能化管理系统，设计制剂产能达到硬胶囊剂 50 亿粒、软胶囊剂 5 亿粒、中药片剂 28 亿片、颗粒剂 700 t 等，全部达产将有 66 个品种，可实现年产值 103 亿元。

其中，数字化提取工厂采用自动化控制技术、质量在线分析技术以及生产信息化管理等技术，实现中药生产全流程管道化、连续化、自动化生产，实现全生产过程质量监控与实时放行，实现产品质量的批批一致、段段一致、点点一致，自动化控制提高参数控制精度与稳定性，确保工艺稳定；采用近红外光谱等快速分析技术、建立从原药材、中间体到成品的在线、离线检测控制方法及标准、保证生产过程质量稳定。基于 DCS、PAT、集成 MES、ERP 实现药品需、产、销、用管控一体化和信息化。

基于中药生产过程中产生的海量多维数据库，采用“互联网+”、大数据、云计算、数据挖掘技术、建模技术，建立中药制药过程知识管理系统，实现企业智能管理与决策；实现中药复杂体系生产过程的前馈、反馈、优化控制的智能化生产。

江苏康缘在“十三五”期间持续完善智能制造体系，新增智能化设备和系统 1 599 台套，实现了中药注射剂、口服液剂和固体制剂等多剂型产品从提取精制到制剂和仓储的智能化生产。较传统车间，生产线效率提高 23.47%，能耗降低 21.77%，质量均一性提高 22.46%。

建设过程中，多次获得国家和江苏省相关项目支持，累计获得财政资金支持 2 500 万元以上。

- 2015 年，中药生产智能工厂试点示范。

● 2017 年，省级工业和信息产业转型升级专项、工业和信息化部智能制造综合标准化与新模式应用项目。

● 2018 年，第一批省级工业和信息产业转型升级专项（技术改造综合奖补）、第二批省级工业和信息产业转型升级专项（示范智能车间奖补、两化融合贯标奖补）、国家科技重大专项（中药先进制药与信息化技术融合示范研究）。

● 2019 年，江苏省智能制造示范工厂。

● 2020 年，参与制定工业和信息化部《中国制药行业智能制造白皮书 2020 版》。

● 2021 年，发布“中国医药质量管理协会”团体标准——《中药提取智能化生产技术要求》，获工业和信息化部“大数据产业发展试点示范”，获江苏省工业互联网发展示范企业（标杆工厂类）。

附图 1 数字化提取工厂

附图 2 智能化固体制剂

附图 3　智能化仓库

（3）东方国际集装箱《创新提案管理制度》

东方国际集装箱（连云港）有限公司是由中国远洋海运集团有限公司下属上海寰宇物流装备有限公司和英属维尔京东方国际集装箱有限公司共同投资兴建的中外合资企业。公司成立于 2005 年 1 月 31 日，占地 690 亩，注册资本 4 413.39 万美元。目前，公司拥有一条具有现代化水准的集装箱生产流水线和一条特种集装箱生产流水线，主营设计制造集装箱产品及售后服务，集装箱半挂车的设计、制造、再制造、维修及相关技术咨询。公司自建厂以来，一直坚持积极履行社会责任，重视环保环境，着眼长期利益，坚持企业与社会、环境的全面可持续发展，推进清洁生产，减少污染物排放。

2019 年以来，上海寰宇连云港箱厂工会为了更好地围绕公司“三二一”发展战略、服务大局、高质量发展，以提升员工队伍素质为宗旨，强力推进创新工作室创建工作，发挥工作室领衔人示范引领作用，充分调动员工参与公司管理的积极性、创造性，鼓励员工针对公司现状提出建设性的改善意见或改革方案，借此改善公司经营管理、节约成本、提高效率、增强企业活力。

连云港箱厂以坚守以人为本、科学管理的原则，推广创新的工作理念以及卓越的技术方法，积极引导员工积极参与到提案创新活动，大力培养知识型、技术型、创新型的高素质员工队伍，不断开展技术革新、发明创造，提升连云港箱厂全体员工的生产技能水平，以达成持久发展的目标，实现创新创效新局面。

为充分调动员工参与公司管理的积极性、创造性，鼓励员工针对公司现状提出建设性的改善意见或改革方案，借此改善公司经营管理、节约成本、提高效率、增强企业活力，特制定本管理办法。本提案制度适用公司全体员工。提案制度开展指员工在公司范围内生产、业务经营过程中，针对自己或公司的生产、业务改善、提高产品品质、提升生产效率、改善劳动环境、防止劳动灾害、节能减碳、绿色发展等提出的有益改善意见或建议，并通过持续跟踪落实，取得实质性改善的活动。

主要包括（除本职工作以外的）以下事项。

1. 机器、工夹具、装置等的改善、实际制作完成。

2. 水、气、油、电等能源的节减。

3. 材料、部件的节减、再利用。

4. 改善作业工艺、作业方法而提高效率，使工作简单化。

5. 保管物品、贮藏物品等方面的改善。

6. 关于运输、搬运等方面的改善。

7. 产品品质的向上、改善。

8. 安全隐患的排除及安全性的提高。

9. 提高业务效率（如新工艺等）。

10. 改善工作秩序、提高员工士气。

11. 5S 改进案例。

提案制度的开展有利于提高工作效率，减少差错发生的计算机程序开发等。该案例的意义主要有以下 4 点。

1. 提升企业竞争力：在竞争激烈的市场环境中，只有通过不断创新，企业才能在市场中保持竞争力。创新提案管理鼓励员工提出新颖、独特、具有实际应用价值的创新建议，帮助企业提高质量，节能降耗、成本管控等方面提供更便捷的解决方案，从而获得更多的市场份额。

2. 增强员工参与意识：创新提案管理活动鼓励员工积极参与企业管理，提出自己的建议和意见。这有助于增强员工的主人翁意识和责任感，同时也可以提高员工的积极性和工作效率。

3. 优化企业管理流程：创新提案管理活动可以帮助企业发现和解决管理流程中的问题，提高工作效率和质量。通过员工的建议和意见，企业可以不断完善和优化管理流程，提高企业的整体运营效率。

4. 提升企业形象：创新提案管理活动可以展示企业积极进取、开放包容的态度和企业文化氛围。这有助于提升企业的形象和品牌价值，吸引更多的优秀人才和合作伙伴。

创新提案表彰汇总

序号	姓名	班组	提案名称	评比结果	奖励金额/元
1	施则友	油漆班	关于中内套喷再提速	二等奖	2 000
2	徐砚建	油漆班	减少运行行程提升外漆生产效率	三等奖	1 000
3	杨兆生	电工班	底架大翻转柔性启动实现再增速	三等奖	1 000
4	高华祥	机修班	自动推箱降低劳动强度确保安全	三等奖	1 000
5	孙兆喜	机修班	自动推箱降低劳动强度确保安全	三等奖	1 000

附图 4　创新提案颁奖现场

（4）杜钟新奥神氨纶废丝纺废丝回收利用

连云港杜钟新奥神氨纶有限公司是 2014 年 9 月 30 日由连云港杜钟氨纶有限公司、连云港杜钟新氨纶有限公司、连云港杜钟奥神氨纶有限公司、连云港杜钟新奥神氨纶有限公司四家兄弟单位合并成立的新公司。其前身连云港钟山氨纶有限公司是我国 20 世纪 80 年代末 90 年代初发展合成纤维，加快高新技术产业发展过程中新建的第一批氨纶生产企业，公司创建于 1989 年，系国家大型二类企业，全国 520 家国家重点企业之一，

103 家国家重点高新技术企业之一，江苏省高新技术企业和外商投资先进技术企业。公司经过共 8 期建设。公司经过一系列股东重组、股权转让，现杜钟氨纶公司股权结构为连云港奥神集团所占股份 75%、香港贝格投资有限公司所占股份 25%，仍为中外合资企业。

经过多年发展，杜钟氨纶公司已形成 28 000 t/a 氨纶丝生产能力，在厂区现有氨纶丝生产过程中会产生少量的固体废物废丝，为更好地减少厂区固体废物废丝的处理量及固体废物处理费用，公司自主研发氨纶废丝循环利用再纺丝技术，对公司生产过程中产生的废丝进行回收，充分利用一般固体废物进行资源利用，减少固体废物产生量的同时增加企业效益。改造现有 3 条老旧生产线，通过改造聚合反应器等设备，可形成废丝回收利用生产能力达到 600 t/a。氨纶废丝循环利用再纺丝技术改造项目，已于 2020 年 9 月 8 日取得连云港经济技术开发区行政审批局出具的《江苏省投资项目备案证》，备案证号：连行审备〔2020〕175 号。

连云港杜钟新奥神氨纶有限公司，拟投资 28 万元，改造现有 3 条老旧生产线，改造聚合反应器，购置废丝过滤器及控制装置等设备，建设形成废丝回收利用能力可达 600 t/a。

本项目废氨纶丝来自公司原有项目生产过程中产生的下脚料氨纶废丝，根据原有项目环评及实际生产情况，氨纶丝是含聚氨基甲酸大于 85%、具有链段结构的长链型离子化合物制成的纤维，根据查询废丝属性和危险特性，本项目所用废丝不属于《国家危险废物名录》（2021 年版），因此本项目原料废氨纶丝为一般固体废物。

工艺流程简述：

①分拣

将老厂区氨纶废丝汽车运输至粉碎厂区（租用江苏伊凯厂区），经人工分拣，去除其中不合格品和杂质较多的部分。

②粉碎

为了更好地溶解氨纶废丝，将分拣出的能利用废丝经粉碎机粉碎成所需要的尺寸。

③溶解

将粉碎后的碎丝加入聚合反应器中，向反应器中加入 DMAC 进行溶解搅拌，升温，启动搅拌器，在 80～90℃下进行物理溶解，待溶解完全后，送入过滤器。

④过滤

溶解后的原液，用泵经过滤器过滤，去除其中未溶解固体杂质，将过滤后的溶液移至纺丝槽。

⑤喷丝

溶解原液经过滤等流程后可进行纺丝，齿轮泵将其均匀分配至纺丝喷丝板，喷成丝束。

⑥烘干

在喷丝阶段，过滤溶液在高温甬道中溶解 DMAC 快速挥发烘干，聚合物形成纺丝聚合物。

⑦卷绕

从热风室出来的喷丝聚合物经过空气假捻器，丝束进入卷绕头，卷装成丝筒，满卷后进贮存间贮存。

本项目属于氨纶丝生产项目，属于《产业结构调整指导目录（2019 年本）》中鼓励类，第二十条纺织，第 13 项废旧纺织品回收再利用技术、设备的研发和应用，利用聚酯回收材料生产涤纶工业丝、差别化和功能性涤纶长丝、非织造材料等高附加值产品；项目属于《江苏省工业和信息产业结构调整指导目录（2012 年本）》（苏政办发〔2013〕9 号文）及关于修改《江苏省工业和信息产业结构调整指导目录（2012 年本）》部分条目的通知（苏经信产业〔2013〕183 号）中鼓励类，第十八条纺丝，第 14 项废旧纺织品回收再利用技术与产品生产，聚酯回收材料生产涤纶工业丝、差别化和功能性涤纶长丝等高附加价值产品。

附图 5　粉碎车间：废丝切

附图 6　原厂区废丝重熔利用

（5）国能联合动力连云港光伏站项目

国电联合动力技术（连云港）有限公司成立于 2008 年 7 月，是中国国电集团为发展海上风机和实现出口而专门打造的国电风电设备南方制造基地，主要经营范围为海洋、陆地风力发电装备设计研发、生产制造、销售服务。于 2022 年 1 月 27 日公司名称变更为国能联合动力技术（连云港）有限公司。公司所在地位于大浦路以西，东晋路以北，云桥路以东，东方大道以南，厂区主要构筑物为总装车间、叶片生产车间、型修车间、喷烤漆房、研发中心和综合楼服务楼、危险品库、公用站房、产品堆放场地及门卫室等。国能联合动力技术（连云港）有限公司严格执行环保“三同时”，各类环保治理设施与主体工程同时设计、同时施工、同时投入运行。公司所有项目均进行了环境影响评价并获得主管部门批复。为加强环境保护工作，提高各种环保设备可靠运行，规范环保监督工作，确保生产中各类污染物达标排放，公司建立了《环境保护管理程序》等文件，明确了各负责人的职责和权限。

国能江苏新能源科技开发有限公司连云港联合动力 4.15 MW 光伏项目使用单晶硅 550 Wp 组件，组件数量为 7 540 块，合计 4.15 MWp，包括太阳能光伏发电系统及相应配套上网设施。建设单位是国能江苏新能源科技开发有限公司，投资金额共计 955.035 708 万元，地理位置位于江苏省连云港连云区经济技术开发区大浦路 88 号国能联合动力技术（连云港）有限公司。光伏电站建设工程由太阳能电池方阵及支架、组串式逆变器、10 kV 升压变压器等组成，甲供光伏组件采用单晶硅 550 Wp 组件，甲供组件转换效率不低于 20.7%。光伏电站要求能在无人值守的情况下，保证 25 年使用寿命。

光伏阵列的设计坚持技术先进、经济合理的原则。技术上，考虑到纬度、地形等客观条件适用范围的配合，经济上考虑成本合理，所以本工程选择彩钢瓦屋面采用屋面平铺方式。

本项目采用 10 kV 电压等级并网。根据整体方案规划，本工程以 10 kV 电压等级单点接入系统就近接入变配电室 10 kV 母线侧。配套建设 1 套 10 kV 配电设备，10 kV 电气主接线采用单母线接线，包括 1 回汇集进线、1 回并网出线、1 回 PT、1 回计量、1 回站用变出线柜，并网出线柜以 1 回电缆接入原变配电室新增的光伏接入柜。要求光伏电站通过 360 h 试运行后，首年利用小时数不低于 1 092.46 h。项目建成后预计年均发电 483 万 kW·h，全厂用电需求约 405 万 kW·h，上网电量 78 万 kW·h。

党的二十大报告指出，要科学有序推进碳达峰碳中和。近年来，连云港公司不断加大对可持续发展的投入力度，践行中国政府低碳节能的号召，助力“双碳”目标的达成。为积极践行持续发展目标，连云港公司成功引进光伏发电系统，加速构建企业绿色环保新举措。公司一直是用电大户，每个月消耗的电量极大，因此节约用电，节省电费支出是一直需要解决的问题。建立完整的电站，自发自用，余电上网，在节省大量电的同时还能卖给国家电网，回本期短，收益率高，因此光伏发电具有节能减排的效益，能够帮助公司完成节能减排的指标，可以降低企业的用电成本，提高企业的竞争力。

（6）恒瑞医药溶剂阶梯利用

恒瑞医药成立于 1970 年，是一家从事创新和高品质药品研制及推广的国际化制药企业，聚焦抗肿瘤、手术用药、自身免疫疾病、代谢性疾病、心血管疾病等领域进行新药研发。在全球医药智库信息平台发布的《2022 年医药研发趋势年度分析》中，恒瑞医药排名第 16 位；在美国制药经理人杂志公布的 2022 年全球制药企业 TOP50 榜单中，恒瑞创下第 32 位的排名新高，刷新中国药企在该榜单的最好成绩；公司连续多年入选中国医药工业百强企业，2022 年蝉联中国医药研发产品线最佳工业企业榜首。

大浦工业区金桥路厂区是恒瑞医药主要的原料药生产基地，产品主要供给恒瑞医药制剂生产使用。为践行“打造绿色药企，追求持续发展”的理念，公司持续落实清洁生产审核工作，实施一系列清洁生产方案，取得良好的经济和环境效益，有效降低环境健康风险。

1）溶剂阶梯利用的背景

原料药制造过程中，生产过程和加工过程使用大量的有机溶剂，不及时有效处理会逸散到空气中形成的挥发性有机污染物。在工业生产过程中不可避免地使用有机溶剂和排放挥发性有机化合物，是影响大气环境的重要固定污染源。

公司积极响应当前政策号召，提出实施溶剂阶梯利用项目，对有机溶剂废液进行回收利用，不仅可以减少有机溶剂对环境的危害性，还使废物得到充分地回收再利用，生产出高附加值产品，变废为宝，既产生了经济效益，又实现了环境治理中“减量化、资源化、无害化”的方针。

2）溶剂阶梯利用的内容

公司持续开展废物减量化工作，投入约 1 500 万元实施溶剂回收综合利用项目，建成间歇式精馏塔、超重力、连续式精馏塔、膜精馏等多套设施，提升有机溶剂回收利用水平，减少固体废物产生量，主要回收溶剂为乙醇、异丙醇等，年处理可回收溶剂原液 4 万 m^2，实现循环利用一般溶剂约 1.5 万 m^2、无水溶剂约 1 500 m^2，每年减少直接成本近亿元。

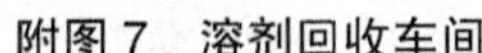
附图 7　溶剂回收车间

附图 8　溶剂回收精馏塔

3）溶剂阶梯利用的意义

溶剂阶梯利用打造出一条创新、绿色、具有良好社会效益的新型绿色生态产业链，本项目的实施将有效解决有机溶剂的环境污染问题，极大地提高有机溶剂的综合利用率，而且对于拉动下游产业发展、缓解资源瓶颈压力、培育新的经济增长点、完善当地废弃物资源回收及综合利用具有积极意义。同时，项目的实施对于促进当地税收、提高 GDP 产值、促进就业等方面都具有积极作用，经济效益、社会效益和环境效益十分显著。

（7）恒瑞医药工艺技术验证改造项目

1）工艺技术验证改造项目背景

原料药制造始终生产出符合预定用途和注册要求的产品，能够有效控制关键操作，能够证明一批产品内部和批与批之间是均质的。产品质量、安全性、有效性是设计出来的，中间控制和成品检查不足以保证产品质量，对每一生产工艺进行控制，以确保成品符合设计特性与质量特性，符合质量标准在内的所有参数，工艺验证对保证产品质量至关重要，质量保证的基本原则是药物生产应符合其预期的使用目的。

2）工艺技术验证改造项目内容

公司成立工艺技术部，负责厂区生产工艺优化，从有毒有害原辅料替代、收率提升等方面改进工艺，提升产品工艺安全、环保水平。制定研发产品管理相关制度，对研发部门在产品工艺开发阶段即提出要求，明确新产品工艺清洁生产要求，包括有毒有害物质使用限制、“三废”循环利用和处置、活性物质灭活、工艺设备选择等内容。

附图 9　工艺技术部泵区

附图 10　手套箱操作

3）工艺技术验证改造项目意义

经过工艺技术验证，从源头选用绿色、安全、经济的物料代替原有物料，提高产品质量的同时节约生产成本，并减少污染物的排放。近期，经过工艺改进和验证，优化阿帕替尼精制工艺实现收率提升；进行七氟烷生产氯化物如花层回收验证和精馏参数优化实现收率提升；通过对醋酸卡泊芬中间体 PB0 进行水分和粒径控制验证和技改，实现转化率和收率提升，接近该产品外部单位先进生产工艺收率水平，降低生产成本和资源消耗。

另外，实现罂粟乙碘油生产用二类溶剂正乙烷更换为毒性更低、安全性更好的三类溶剂正庚烷工艺验证和改进，降低原辅料毒性，提升清洁生产水平。

（8）豪森药业智慧管理平台案例

江苏豪森药业集团有限公司成立于 1995 年，是一家集药物研发、制造、销售于一体的创新驱动型医药企业，为翰森制药的重要子公司，致力于通过持续创新提高人类生命质量，重点关注抗肿瘤、抗感染、中枢神经系统类疾病、代谢疾病及自身免疫性疾病等领域。公司连续多年位居全球制药企业百强、中国医药研发产品线最佳工业企业前三强，是国家重点高新技术企业、国家技术创新示范企业。

豪森药业拥有卓越的研发实力与超过 20 年的研发经验，创建了国家企业技术中心、博士后科研工作站、国家重点实验室等多个国家级研发机构，已拥有高效的创新药物发现能力，研发布局覆盖大分子、小分子、ADC 药物及 siRNA 等领域。公司先后承担国家科技重大专项 60 项，荣获国家科技进步二等奖 2 项、中国专利金奖 2 项、国内外授权发明专利近 500 项，参与国家药品标准制定 190 余项。

1）改造前存在的问题

①人工管理体系已无法满足市场对生产精益化的管理目标，数据缺失与不流通，造成设备效率低导致能源损耗。

②人工巡检耗时长，需在设备控制器面板上观测参数，无实时数据，人工整理站房数据分析报表费时费力，获取信息延迟，存在出现低压导致生产停线的重大隐患；站房后续节能项目缺乏数据支撑，无法明确有效的节能方向。

③极度依赖人工经验，控制得不到有效的保障。

④制气系统设备无法协同使用，造成能源浪费。

⑤无法合理准确检测气量及压力的供应需求；末端需求变化，无法开启最优开机组合，及时切换设备运行状态。传统能源使用方式处于经验主义阶段，典型的供大于求的使用状态；设备无效运行时间偏长，同时存在不必要的损耗。

2）改造案例具体内容

通过物联网云智控技术，将厂区内制气系统（压缩空气、氮气）机组（包含附属设备）根据生产用气需求 AI 辅助完成供需匹配，实现智能化决策和控制，降低能耗浪费。

AI 技术：

基于多传感器反馈的连续控制技术。针对用气端多个压力传感器的压力反馈，对整个压缩空气系统进行实时连续控制，使压缩空气供需平衡。

压缩空气系统工艺过程优化控制技术。平衡压缩空气系统的各个环节，监控空压机及空压站内所有相关设备。

基于压缩空气系统物理模型的多类型多品牌空压机优化控制技术。根据内建模型，实时优化每台空压机的运行参数，保证系统能效最优，保障系统安全最佳。

无线传输技术：

各设备，传感器通过 485 连接云盒（数采网关），云盒通过 LoRA 的方式，将数据传递给边缘服务器，同时执行边缘服务器下发的控制指令。

服务器安全冗余技术：

系统每天都处理着大量的生产过程数据和业务数据，任何时刻的系统故障都有可能给公司带来损失，这要求系统具备很高的稳定性和可靠性及很高的平均无故障率。保证故障发生时系统能够提供有效的失效转移或者快速恢复等性能，保证系统的高可用性。系统基于云原生、容器化部署，支持多节点（多服务器）分布式部署，当其中一个节点发生故障时，系统自动切换到其他节点，保证 7×24 h 可靠运行。

3）案例意义

制气系统群控平台提供了一种空压机组智能群控方法及系统，根据不同需求条件下的空压机控制方案，使空压机组能够适应各种工况变化，提供较为稳定的供气压力的问题。进一步地，空压机组能够根据环境信息的变化，找到空压机节能运行、稳定运行和稳定供气压力之间的平衡点。为了解决上述技术问题，本平台提供了一种制气系统组智能群控方法，包括：根据线性插值算法函数以及预设的空压机和优先级赋值的映射关系，设置在不同预设需求条件下的空压机控制方案；其中，每个空压机控制方案对应一个预设需求条件，且每个空压机控制方案记录了各空压机编号根据优先级赋值的排序结果；根据在不同预设需求条件下的空压机控制方案，对空压机组中各个空压机进行工作控制；采集空压机组的供气压力数据和各空压机的工作状态数据，并判断所述供气压力数据是否处于预设区间内；根据所述各空压机的工作状态数据和环境信息，对达到预设空载时间的空压机进行停运，同时当出现空压机工作状态数据异常时，则触发相应的声光报警；年节约电量可达 5%。

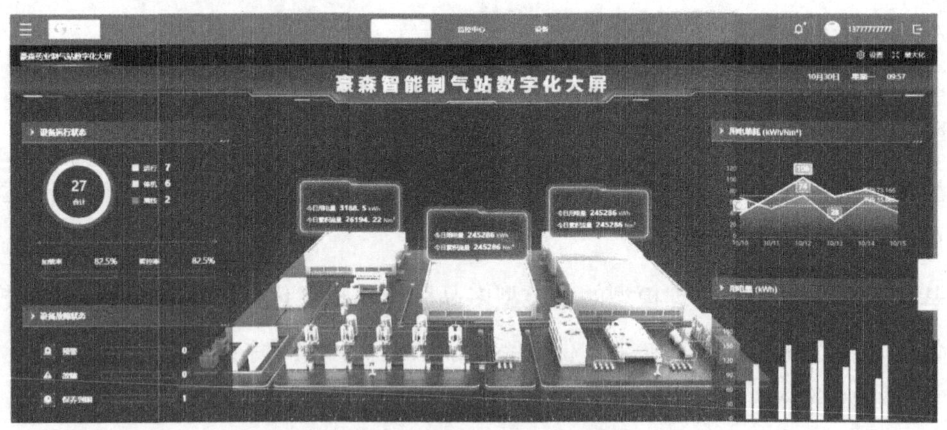

附图 11　智慧管理平台调控压缩系统

附录四　产业绿色发展

“三线一单”案例

连云港开发区走出新医药产业绿色发展示范新路径

一、案例名称

案例名称：连云港开发区走出新医药产业绿色发展示范新路径

应用领域：医药制造业绿色发展

应用层级：国家级经济技术开发区

应用地点：连云港经济技术开发区

二、案例应用情况

（一）情况介绍

连云港经济技术开发区是 1984 年获得国务院批复的首批国家级开发区，立足资源禀赋、产业基础，重点发展新医药、新材料、新业态、高端装备制造等“三新一高”特色产业，其中新医药产业是开发区支柱性主导产业。目前，园区集聚了医药企业 30 余家，拥有规模以上医药企业 16 家其中原料药企业 9 家，主板上市公司 3 家，拥有百亿元级销售收入医药企业 1 家，已形成新型抗肿瘤药、新型肝病药物、麻醉镇痛药物、新型中成药、新型药用包装材料、医用消毒灭菌设备六大特色集群，成为全国最大的抗肿瘤药物、肝病药物生产基地和全国重要的现代中药生产基地。其中，化学原料药由于其全流程化工工艺，VOCs 组分复杂、排放量大，传统中药提取技术漏点多，异味明显，管控不佳易发生扰民现象。

（二）工作路径

1．严格设置准入门槛

开发区为推动新医药产业绿色发展、高质发展，出台了《连云港经济技术开发区产业投资负面清单》《连云港经济技术开发区新医药产业环保准入导则》《关于推进中华药港高质量发展的意见》，进一步提高项目准入的环保、技术门槛，严格审查项目污染物排放、能源消耗、用地规模、产出效益、税收贡献等重点指标，以市场化手段淘汰高污染、高耗能项目。园区禁止新上不符合园区产业定位、污染严重、不能满足总量控制要求、生产工艺落后的项目，禁止新上单纯的原料药转移和中间体生产项目，禁止新上清洁生产水平低、产生恶臭和“三致”污染的项目。严格限制新上附加值低、污染较重的医药类项目。

2．推动产业转型升级

开发区坚持高起点谋划、高质量建设，围绕“打造全国一流、世界知名的中华药港”总体定位，不断推动新医药产业转型升级。主要是鼓励引进和发展以生物制药、海洋医药和新型制药技术等相关高新技术为支撑的新医药产业，大力促进制药产业的结构调整、工艺提升和生产创新。鼓励新医药企业内部和企业之间选择清洁原辅材料和先进工艺、副产品与能源梯级利用，实现废弃物减量化、资源化、循环利用。通过深化制度改革，相继出台了《中华药港产业发展规划》《关于推进中华药港高质量发展的意见（试行）》《中华药港企业入驻服务管理办法》《关于进一步促进生物医药产业发展政策的意见》《关于扶持医疗器械产业发展的若干政策》等专项政策扶持入区药企发展。

3．创新深化污染治理

区内的江苏康缘药业股份有限公司投资 4.8 亿元建设现代中药数字化提取精制工厂，集高效节能和先进制造自动装备，运用 DCS、PAT 和 PKS 等技术，提取车间控制点数逾 5 000 点，控制回路达 600 多个，每年产生的有效质控数据逾 700 亿个，是目前我国中药制药过程控制水平最高、信息化和智能化实施水平最高的生产线。中药数字化提取精制工厂坚持清洁生产、低碳环保的理念，采用行业领先的生产工艺，积极促进资源的高效、合理、循环利用。在生产过程中，通过自动化控制系统，实现全程监控，杜绝“跑、冒、滴、漏”，减少物料以及能源的损失浪费，物料循环利用贯穿中药生产全生命周期，相对传统中药提取工艺能耗降低 25%，水耗减少 18%。所有的生产过程在封闭的环境中实现，无组织废气排放量减少 50%以上。充分依托有机溶剂的回收装置，提高有机溶剂的利用率，减少高浓度有机废水的排放，COD 浓度降低 35%。同时，对废水进行深度处理，实现了 800 m^3/d 的景观水回用。生产过程中产生的药渣交由相关单位生产有机肥，实现固体废物的资源化和零排放。2018 年，该公司纳入工业和信息化部第三批“绿色工厂”名单。

4．推行环境网格监管

为了进一步明确环境监管责任，提高对新医药产业的环境监管水平，全面推进环境监管精细化、科学化、精准化和全覆盖，制定了《连云港经济技术开发区网格化环境监管体系建设实施方案》，将全区分成 7 个网格，由经济发展、生态环境、市场监管、应急管理及相关街道办事处作为牵头单位，明确工作职责，常态化对网格内新医药产业污染防治、安全生产及大气、水环境质量进行有效监管，发现问题第一时间督促整改到位。

三、案例应用效果

开发区以“三线一单”为引领，通过新医药产业绿色发展和创新转型升级，取得了良好的社会经济和生态效益。一是建成了一批医药行业领军企业，恒瑞、豪森、康缘、正大天晴四大药企连续多年位列全国医药工业企业 40 强、创新能力 20 强，涌现了一批创新成果，在国内承担新药创制国家科技重大专项项目 64 个，获批 1.1 类新药 4 个，在海外通过美国 FDA、欧盟 GMP 等质量认证产品 34 个，并实现了我国从原料药、仿制药出口，向生物创新药技术输出的新突破；二是通过深化节能减排和环保治理，能源消耗、污染物减排大幅削减，新医药产业单位工业增加值综合能耗较“十二五”末降低 25.2%，单位工业增加值废水产生量下降 33.1%，COD 减排 58.8%，VOCs 减排 36.9%；三是绿色发展水平稳步提升，以 2021 年一季度为例，开发区生产总值为 99.5 亿元，同比增长 18.5%。同时，全区生态环境质量也在不断改善，$PM_{2.5}$ 平均浓度为 47.2 $\mu g/m^3$，同比下降 6.2%，国省考断面水质均达到或优于Ⅳ类标准，达到了历史最优水平，实现了“开发区经济快速发展而生态环境依然良好”的可喜局面。

四、案例应用的启示

医药产业作为传统制造产业，要解决好产业发展和生态保护之间的关系，必须坚持“三线一单”的引领作用，从产业创新入手，强化项目源头准入控制、工艺水平清洁化提升改造、科技突破污染治理技术、部门联动网格化监管等方面全流程综合管理，既发挥产业园区资源禀赋优势，又以能源资源、环境容纳量、污染控制标准倒逼产业转型升级，以实现经济社会和生态文明“互利共赢”。